Entertainment Capital

娱乐资本论

小娱记者团 / 著

SPM
南方出版传媒
广东经济出版社
·广州·

图书在版编目（CIP）数据

娱乐资本论／小娱记者团著．—广州：广东经济出版社，2017.5（2017.8 重印）
ISBN 978－7－5454－5399－7

Ⅰ．①娱…　Ⅱ．①小…　Ⅲ．①文化产业－研究－中国Ⅳ．①G124

中国版本图书馆 CIP 数据核字（2017）第 090426 号

出 版 人：姚丹林
责任编辑：刘　倩
责任技编：许伟斌
装帧设计：仙境书品

娱乐资本论
Yule Zibenlun

出版发行	广东经济出版社（广州市环市东路水荫路 11 号 11～12 楼）
经销	全国新华书店
印刷	佛山市浩文彩色印刷有限公司 （南海狮山科技工业园 A 区兴旺路）
开本	730 毫米×1020 毫米　1/16
印张	14.5
字数	156 000 字
版次	2017 年 5 月第 1 版
印次	2017 年 8 月第 2 次
印数	5 001～7 000
书号	ISBN 978－7－5454－5399－7
定价	48.00 元

如发现印装质量问题，影响阅读，请与承印厂联系调换。
发行部地址：广州市环市东路水荫路 11 号 11 楼
电话：（020）38306055　37601950　邮政编码：510075
邮购地址：广州市环市东路水荫路 11 号 11 楼
电话：（020）37601980　营销网址：http://www.gebook.com
广东经济出版社新浪官方微博：http://e.weibo.com/gebook
广东经济出版社常年法律顾问：何剑桥律师

小娱记者团成员

郑道森　吴立湘　高庆秀　吴丽仟

李静玉　陈梦茹　凌先静　陈瑾昕

曹乐溪　谢维平　李　静　伍娅伦

序一

解密波谲云诡的娱乐江湖

尹　鸿

清华大学教授，中国文艺评论家协会副主席

在宏观经济、实体经济凄风冷雨的萧瑟中，中国的文化娱乐业却依然波谲云诡、气象万千。2016年，文化娱乐业的上市风潮依然强劲，中影、上影两家国有企业终于圆了多年以来的上市之梦；海内外文化企业的并购更是接踵而至，互联网企业上下垂直整合，而中国企业的手甚至已经伸向了门槛高高的好莱坞；以电影为代表的文化市场虽然增速放缓，但新片、新人依然是后浪推着前浪，从非常规的高速发展进入了平稳向前的新常规；在传统电视疲态尽显的同时，网络视频却蒸蒸日上，不仅网络剧、网络大电影数量惊人，已经远远超过了传统电影、电视剧的生产数量，而且网络直播各出奇招、花样百出，成为2016年的年度现象；网络游戏、动漫、二次元文化更是一波一波地覆盖着青少年的生活，其用户之广、使用黏度之高都大大超出了传统的文化形态；而随着互联网用户超过8亿人，移动互联网用户超过7亿人，人们全天候的媒介在线，则在大大延伸文化娱乐消费时间的同时大大扩展了文化娱乐的消费规模。可以说，文化娱乐业朝气蓬勃、欣欣向荣，已然成为当下中国为数不多的最有活力的发展领域。

值此文化娱乐业的空前活跃期，在行业界已经颇有名气的“娱乐资本论”团队，撰写了这本文化娱乐业的年度盘点，归纳文化娱乐各个分支的热点现象，梳理其中的发展脉络，看出其中的运行态势，指点其中的产业变局，把脉其中的湿热阴冷，展望未来的江湖格局，无疑是一件必要之事、必须之事、急迫之事。这本书，其实就是一张文化娱乐业的年度风云图，“温度”“湿度”“风向”“走向”，甚至“PM2.5浓度”，都在书中有所体现。一书在手，可以总揽中国文化娱乐业的年度大事和江湖大势。其中，大量对行业人士、专家学者的深度采访，各种从行业论坛、权威发布获得的数据信息，众多对热点人物和热点事件的深入调查，都使得本书既不同于一般的以数据为主的行业报告，不同于常规的以分析为主的学者研究，也不同于通常点到则止的新闻报道，而是既有感性观察也有理性分析，既有行业信息又有专业解读，既有微观细节也有宏观大局，可以作为中国文化娱乐业的一本案头书，闲时用之指点“江山”，忙时用之指点迷津。

从本书所描述的文化娱乐行业态势来看，除了受到动态变化的、层出不穷的法规政策调整的影响以外，有几个特点是显而易见的。

首先，资本是文化娱乐业的强大推手。由于其他经济领域的发展处于相对低谷，大量行业外资本、金融资本进入本来体量就不大的文化行业，推动各种产业并购，推动众多企业上市，刺激产品的大量生产，点燃文化市场热度。资本像条嗅觉灵敏的狗，追着文化娱乐业狼奔豕突，这一方面说明了文化娱乐产业的基本面看好，但另一方面，如果狗跑疯了而不能受到遏制，文化娱乐业也可能会急不择路掉进沟里，譬如当下人们抱怨的天价片酬、电影市场的恶性竞争，背后其实都有资本疯狗的影子。

其次，互联网新媒体为文化娱乐业加上了翅膀。互联网不仅是一种媒介，也是一种线上线下一体化的操作系统。它介入文化娱乐业，不仅大大扩展了文化娱乐的新领域，而且用不断推陈出新的新产品、新媒介、新服务，惊人地延长了人们文化娱乐消费的时间和空间，使得文化娱乐无时无处不在人们的手机上、各种工作和生活场所中，与人们朝夕相处，我们可以说，互联网使得文化娱乐与人们日常生活的联系之紧密，变得史无前例。

最后，网生代新人类已经成为文化娱乐消费的主力军。与互联网一起长大的80后、90后、00后，成为中国文化娱乐消费中最活跃的群体。动漫、游戏、网络文学、韩剧、日剧、美剧、二次元美学、IP、中二文化、直播、弹幕、UGC……各种被互联网催生出来的形态，对文化娱乐业产生了深刻的影响。甚至连过去以“得大妈者得天下”为口号的传统电视，都将收视重心向青年一代转移。网生代对文化娱乐行业的影响可以说具有划时代的意义。虽然我们对这个已经到来的新时代还看得并不清楚而且并非一味乐观，但无论怎么说，在中国跌跌撞撞地走向小康社会的路上，文化娱乐成为大众生活中越来越举足轻重的领域，这是不争的事实。至于文化娱乐业在人们需要娱乐的时代，能够提供什么样的娱乐；对于中国这样一个急剧变化的国家来说，娱乐是不是仅仅提供娱乐就够了；有资本和新媒体这两个轮子的推动，中国的娱乐业是否能够走在一条康庄大道上；中国的文化娱乐业是否真正能为裂痕处处的当今中国带来精神缝合，推动人们形成更多的文化共识和情感认同……所有这一切问题，也都可以从本书中得到或多或少的启发，虽然可能谁都还无法提供现成的答案。

序二

王禹媚
华泰联合证券董事总经理

2016年，中国的娱乐市场一直处在聚光灯之下。一方面，2015年，从传统电影市场票房的惊人增速，到新生网络视频付费观看的开启，都使人们对2016年怀着极高的期待。另一方面，伴随着消费升级、口红效应而来的巨大内容消费需求，也推动着大众、从业者以及资本产生极大热情。

如今，回望2016年中国娱乐行业所展现的图景，在看到动荡过后理性回归的同时，更看到新事物涌现的无限可能。2016年的传统电影、网络大电影、全网剧、网络剧和综艺尽管在数字上的表现并不够耀眼，但这正是市场在经历资本催熟后，开始自我 调整，行业分化下资源向优质内容进一步聚拢的表现。另外，新词汇、新事物走马观花层出不穷，移动直播已向市场证明了其极强的变现能力，动漫、音乐产业也在版权保护中更加生机勃勃，年初papi酱的广告拍卖仍历历在目，年尾女团SNH48已经作为新生力量在卫视跨年晚会上进行开场表演……在这样令人应接不暇的一年过后，不论是行业从业者，还是关注娱乐行业的圈外人，都更需要总结和反思，而《娱乐资本论》一书的出现恰到好处。

首先，本书背后的团队一年以来以极严谨的态度和专业的素养持续跟踪了中国娱乐产业的大小事件，保证了本书绝非空谈，而是以实践与验证为基础。我有幸与娱乐资本论的创始团队很早就相识，他们作为最早一批投身自媒体的传统媒体人，秉持新闻理念，以兼具敏锐度及深度的内容为根基，实现了完美转身。

其次，本书脉络清晰，从电影、电视剧、音乐、综艺、动漫、直播、粉丝经济以及网生内容的角度全面概括及反思了2016年娱乐业的最新进展。更重要的是，本书并不局限于对各部分细节的描述，而是每部分都与整体娱乐业相串联，从而给读者构建一个完整而翔实的产业图景。

最后，团队不仅仅是以娱乐业媒体的姿态呈现内容，与资本的紧密交流和对接使得本书更多地从资本的角度给予行业真知灼见。例如，书中有单独的章节谈及娱乐业并购与并购失败案例，从中见证文化领域公司重新回归价值发现的过程。

在我看来，娱乐消费从人性的角度看是“顺荷尔蒙的可选消费”，人会主动去进行娱乐，重视过程体验而非结果。同时娱乐消费又符合“可选消费”模式，在经济水平达到一定程度，大众的衣食住行等基础消费需求得以满足之后，娱乐不再是少数精英阶层的奢侈品，而是大众刚需。在这样的背景下，中国的娱乐业展现在我们面前的依旧是一片亟待开垦的田地。对于每一位有志投身于此的从业者或投资者来说，本书会是一本极好的春耕秋收指南。

目录

CONTENTS

CONTENTS

CONTENTS

CONTENTS

01

光影世界

电影“小年”让市场回归理性

很多人都说，2016年是中国电影的“小年”。有一半月份与2015年同期相比都出现了负增长，票房在15亿元以上的国产电影仅《美人鱼》一部（还是在2月份），暑期档、十一档等黄金档期票房都不同程度地出现负增长。

高度倚赖票房的中国电影，早已把数字看作产业的晴雨表，牵一发而动全身。这也是为什么10月初的长春，会有那场广电总局电影局组织的电影圈大佬们的集体发声，行业需要一颗定心丸。

中国电影到底是在经历黎明前的黑暗，
还是说，
黑夜才刚刚降临？

另一方面，冷静的声音不是没有，“中国电影票房增速放缓并非坏事”，目前中国电影市场并非停止增长，只是增速放缓。2016年前三季度，中国电影还是有9%左右的增幅。回过头看，2015年电影票房48%的增速过热了，增速放缓，让资本亢奋涌入的电影市场冷静下来，是件好事，中国电影市场目前需要一个健康的环境。

不理性的市场容易催生畸形的竞争。票补、买票房、偷票房等情况愈演愈烈，甚至为了排片，各大影视公司都会争得头破血流。直到2016年10月，《电影产业促进法》通过，虚报、瞒报票房按倍计罚才正式写入法律。

相比于电视剧、音乐、综艺，为何电影可以获得更多的关注？借用王长田的一段话，电影是内容金字塔的塔尖，因为聚集了所有的娱乐元素，它是一个国家的传媒娱乐业综合水平的反映，以此看来，随着中国娱乐产业的高速发展，中国电影的道路应该也会越走越宽。

近百家中小电影公司扎堆成立，游戏派、文学派、明星派、导演派、高管派谁与争锋?

如果你身在电影圈，应该明显感受得到，各种各样的影业越来越多了。

“58同城成立了58影业，聚美优品成立了聚美影业，连金融公司都成立影业了，我看距离分众传媒成立影业的日子也不远了，电影宣传都要用到分众啊，为什么不自己成立一家影业呢？”一位业内的朋友向我们这样吐槽。

其实，互联网公司成立影业并不新鲜，除了58同城和聚美优品之外，哔哩哔哩影业、小米影业、暴风影业也相继成立。但在互联网之外，近期又冒出更多新流派的电影公司。IP、艺人、导演、技术……这些电影行业的要素中，稍微占有其中的某一端，似乎都可以成立公司。

2016年的上海电影节，新公司的高调亮相也成为主旋律。在“喜天之夜”上，喜天影视顺势推出新成立的喜天影业；几天之后，在元力影业的发布会上，这家刚成立几个月的公司喊出了要做“中国漫威+狮门”的口号；原搜狐畅游公司CEO王韬和《大圣归来》出品人路伟共同成立的中影游在电影节期间亮相……

这些刚冒出的影视公司站在同一起跑线上，形成一个小小的新派影视江湖。我们按照各自占有的资源类型，把它们划分为游戏派、文学派、明星派、导演派、高管创业派五大门类。

游戏派：影游联动真这么容易？

2016年上海电影节期间，作者受邀参加中影游高管的私密聚会。这家公司是由原搜狐畅游CEO王韬和《大圣归来》出品人路伟共同成立的一家游戏公司。但在做游戏的同时，中影游也会投资一些高概念、高技术、高预算的动画电影。

与这次私密聚会差不多同时，刚刚成立1个星期的巨人影业在电影节期间公布了最新影视产品计划和首批合作伙伴，包括《球球大作战》《大主宰》《武极天下》等诸多热门游戏及网文IP，其中《征途》将与阿里影业一起合作。

更早之前，蓝港互动成立了蓝港影业，专门做电影。未来，蓝港影业将围绕漫画《雪姬》展开包括网络剧、电影、动漫剧以及游戏在内的全产业链的开发。更重要的是，公司自主IP《苍穹之剑》系列游戏影视化，并与安乐影业合作推出2015年中国电影票房冠军《捉妖记》的手游。

就像动画电影都盼望着成为下一个《大圣归来》，这些游戏公司成立影业也梦想能做出下一部《花千骨》。但是，游戏公司做电影真这么容易？

在一位电影营销公司的高管看来，游戏公司手中握有大量游戏IP，这是它们做电影公司的优势，但撇开改编难这些老掉牙的问题不谈，游戏和电影在观众群体上虽然有一定的重合，但用户思维、创作思维都是不一样的，游戏公司自然有游戏基因，但不能用这一套去做电影。

“游戏公司成立影业不是蓝港和巨人的首创，完美影视早在2008年就成立了，完美世界手中也有不少知名游戏IP，但这么久了，一部游戏改编的影视作品都没有做出来。”

明星派：
大部分还停留在佣金投资层面

在上海电影节的“喜天之夜”上，喜天影视不仅公布公司首轮融资的情况，还宣布成立子公司喜天影业。与此同时，喜天影业所持有的IP矩阵首次亮相，其中包括签下海棠、蓝小汐等网络人气作家。接下来喜天影业将逐步对这些IP项目进行开发，探索影视版权、影游互动、衍生品开发等多种盈利模式。

这说明，在当前明星经纪模式不断变换的背景下，经纪公司除艺人资源之外也在寻求切入电影投资和制作的机会。但喜天并不是第一家成立影业的经纪公司。2016年暑期档上映的《陆垚知马俐》背后的投资方之一为海宁壹线影视，这家公司正是鹿晗所在的经纪公司壹心娱乐成立的电影公司。刚成立不久的中南影业总裁常继红是中国四大金牌经纪人之一。

说起来，经纪公司做电影，最大的优势是拥有艺人资源，以及能通过艺人跟其他电影公司的合作打通业内的关系。之前，已经有艺人开始成立自己的电影公司，比如杨幂的嘉行传媒。

但在一位制片人看来，经纪公司现在对艺人的控制力并没有以前那么强，很多大牌艺人更愿意选择与大型电影公司一起合作甚至成为股东。假如经纪公司还停留在用艺人控制权去置换一些艺人出演的影片，这实际上还是在做经纪公司做的事情，而不是电影公司的。

“打个比方说，只是因为你提供了木头，就能说整套家具是你做的么？当下经纪公司最大的收入来源是佣金，经纪公司做电影，其实还是停留在用这些佣金进行投资的层面。”

文学派：需补足产品转化能力

这类文学公司主要包括自己拥有原创能力的编剧工作室，也包括知名作家成立的影视公司。比如在2016年电影节期间宣布将拍摄《蝴蝶公墓》《荒村》《最漫长的那一夜》等电影、网络剧、网络电影的浩林文化，就是一家由蔡骏工作室转变而来的公司。

当然，浩林文化并不是一家新公司。但在这之前，文学公司影视化的现象确实已经非常明显。比如，奥飞动漫与江南共同成立的灵龙文化，主要就是依托江南手上的文学IP，比如《九州缥缈录》《龙族》等作品，打造影视作品。

但在一位上市影视公司项目开发总监看来，很多文学公司转型的影视公司，手里囤积有大量的IP，甚至以出售IP为主营业务，而非电影开发。

“这也不能怪它们，有原创能力是一回事，能把这些作品开发成电影又是一回事，这些公司在资本层面上养活不了一支开发团队，只能跟有制作能力的公司一起合作，最后的结果，就是有些被大公司并购。”《三体》就是个典型案例。对于很多影视公司来说，《三体》无疑是个难得的大IP，但并不是每家影视公司都有能力将这样的IP开发为影视产品。

还有一家与文学公司比较类似的公司，那就是中汇影视。早年，这家公司的合伙人之一侯小强曾经买下包括东野圭吾的《嫌疑人X的献身》等多个IP。在此前中汇影视的一场发布会上，公布了网文经典作品《神游》《九功舞》等，分为七大类型题材系列，共33个IP。

为了开发这些项目，中汇影视甚至与侣皓吉吉、海岩以及高林豹等人分别成立了公司，并且被三七互娱入股，它们将一起开发旗下的这些IP。

其实，在这类公司中，运营最成功的要数郭敬明的最世文化。在成功打造了《小时代》系列电影之后，也拍摄了电影《爵迹》。但即便如此，最世文化也一度打算以1.8亿元的价格出售26%的股权给华策影视。

除了最世文化之外，其他几家公司成立的时间都比较短，到目前为止，尚没有开发出成功的影视作品。

导演派：一定程度降低资源集中度，但风险偏高

在2016年上海电影节众多“××之夜”中，还包括“暖流之夜”。暖流是贾樟柯在2016年5月刚刚成立的一家专门拍商业电影的公司。在首批公布的片单中可以看到，其2016年计划开拍东野圭吾的作品《悖论13》改编的电影、李宇春导演的处女作《人民路女神》和张大春的《状元图》等影片。

导演和明星成立影视公司已经不是新鲜事。此前，宁浩曾经成立了坏猴子工作室，后来改名为坏猴子影业；徐峥和陶虹的工作室真乐道也改名为真乐道文化传播公司。

随着整个电影市场的扩大，创作资源变得稀缺，一些知名导演和艺人逐渐脱离大公司，并成为资本追逐的对象。这在一定程度上稀释了电影行业的资源集中度。

在这种情况下，优质的项目被分散到小电影公司手中，大公司有时候想拿好项目就必须和这些小公司合作，甚至不惜以保底的方式介入。比如2016年春节档的《美人鱼》，在上映前，博纳和华谊都曾经向周星驰的公司提出要保底发行。

但这类新公司也存在一些问题，比如独立制作公司在电影创作上把控能力很强，但它们在宣传和发行方面需要更加专业的合作伙伴。

在前文提到的那位项目开发总监看来，假如一家电影公司单纯地依靠某一位导演，可能会增加公司风险。“一般情况下，导演的创作周期不会太短，有时候一部影片花上五六年也有可能，这期间，维持公司的运营很重要；另一方面，即便是知名导演，也不能保证自己的每一部影片都是爆款，万一票房惨败，收不回成本怎么办？”

高管派：成功概率比较大

在文化创业大背景的召唤下，几乎每隔几天就有一条“某某高管离职创业”的消息出现，影业行业也不乏高管创业。比如2015年前SMG高管苏晓创办的柠萌影业。

最近的，2016年6月初，上影集团副总裁杨文红创办的兴格传媒高调亮相，这家公司首轮融资3亿元，估值达15亿元。在2016年的除了开拍《逆袭之星光璀璨》《将军在上》等剧作之外，还参投了《九州天空城》和电影《鲛珠传》。

在2016年的上海电影节期间，两家由高管创立的电影公司也高调亮相。一家是元力影业，这家公司由游族影业高管、《三体》电影的总策划杨璐和利欧股份共同成立，还不到半年的时间。在发布会上，不仅邀请到了曾志伟站台，还一口气发布了《混沌之城》《新宋》《求婚专家》等10多个项目，同时还与《美人鱼》的编剧设立元力千荣公司，与科幻作家墨熊设立元力璇玑公司，分别进行青春爱情喜剧与科幻IP的孵化。

另一家在上海电影节期间高调亮相的新公司是嘉映影业。这家公司由影视行业老兵、星美传媒集团前董事长覃宏创立。在发布会上，覃宏、陈可辛导演的《李娜》，编剧李樯监制的《影子的灰烬》《心理罪之暗河》等20多部作品被发布。

在一位有16年经验的制片人看来，这些离职的影视高管的创业比其他单纯占有某一领域资源的电影公司可能更靠谱一些。跟单纯的开发电影项目不同，电影公司需要经营，需要跟电影产业链上中下游都搞好关系。而这些从大电影公司离职的高管，一般都有不少资源，码盘比较容易一些。

在市场扩容的情况下，以后会有越来越多的高管出来创业。在竞争情况下，要看谁拿到的项目好，最后也需要靠爆款影视作品说话。

预测未来5年，新流派电影公司如何改变行业格局？

在业内人士看来，这一批新公司数量不少，但真正具备项目开发能力的并不多，“真正的电影公司起码要具备两种能力，一种是电影宣发能力，另一种是项目研发能力；目前这些新公司只是掌握一定的资源，在置换投资份额的时候有一定的议价能力，这根本不叫电影公司，就只是投资公司”。

但不得不看到，电影行业资源的集中程度确实正在因整个市场的扩大而稀释。一方面，在渠道和观众扩大之后，原有的公司生产能力已经跟不上，新的导演、演员、公司等资源冒出来；另一方面，资本的进入，让很多握有一定资源的人成立新公司，切入电影行业，一些大公司甚至要从这些小公司手中拿项目。

百花齐放是每个行业发展的必然结果，而一段时间之后，影视行业将回归稳定的市场格局。事实上，好莱坞六大也是经过行业多次调整之后才有现在的局面，未来几年内，中国电影公司或将迎来一轮新的洗牌，也许现在的“五大”就不存在了，一些单纯由资本催生的泡沫公司也会被挤掉。

“2000年前后，民营电影公司刚刚起步，华谊兄弟、橙天嘉禾、博纳等这批公司是领头羊，紧接着就是光线和乐视，但从2014年开始，新的一批电影公司又要出来了。它们拼命做业绩，不是为了现在有多牛，而是想在未来电影行业的新格局中有一席之地。”

7 位大佬驳斥中国电影“拐点论”：非常严重的战略误判

“拐点说，寒冬说，深秋说，坍塌说……这一切，让他们去说吧！”

2016年10月13日深夜，长春电影节，广电总局电影局局长张宏森面对几十家媒体，畅谈他对中国电影市场的观察，他列举了一系列数字，并表示："从2015年的峰值，到2016年的震荡，这是对中国电影难能可贵的洗礼。但几乎所有指标都表明，中国电影市场基本面依然向好！"

次日，一场聚集了中国电影行业"半壁江山"的论坛在长春举行，嘉宾不仅有张宏森，还囊括了喇培康、任仲伦、王中磊、王长田、于冬、张强等多位产业大佬，以及贾樟柯、宁浩、乌尔善、曹保平、张一白、管虎、俞白眉等知名导演、编剧。

2015年，中国电影票房达到了同比48%的增速，但2016年，当业内还沉浸在《美人鱼》超30亿元票房的喜悦中时，整个行业却出现了增速下滑的迹象，暑期档、国庆档的票房甚至出现了负增长。

一时间，资本慌了，媒体急了，人们开始讨论，中国电影到底怎么了？资本是否已经远离电影市场？中国电影到底是在经历黎明前的黑暗，还是说，黑夜，才刚刚降临？

中影股份董事长喇培康表示："中国电影出现拐点，是非常严重的战略误判。中国电影的发展，动力依旧十分强劲。"

阿里影业CEO张强则透露，2015年中国电影行业有近50亿元的票补，带来150亿元的票房，从而带来了意料之外的国产片的惊喜，而2016年各大公司削减票补预算至少一半以上。他判断，2017年会是电影大年，无论是进口大片，还是国产片，都将纷纷来袭。

华谊兄弟副董事长、CEO王中磊，光线传媒总裁王长田则不约而同谈到了国内导演群体的发展：很多知名导演仍处于创作的高峰期，大量新导演成为中坚力量，这几乎是电影行业近20年来最好的时间段。

追问1：
中国电影行业拐点到来了吗？

2016年自从春节档之后，电影票房一直低迷。5月底的几天，全国单日票房最低达到3150万元的冰点，国庆档的票房也同比下降约15%。

难道，中国电影产业的拐点真的来了么？

长春电影节的中国电影新力量论坛上，几乎所有行业人士都谈起这一话题，一系列最新的数据或许能提供更多维度的参考。

第一，票房。2016年以来，中国电影总票房已接近380亿元，与2015年同比净增20多亿元，仍然保持增长。

第二，观影人次。根据电影局公布的数据，2015年全年，国内观影总人次达12.5亿，而2016年至截稿，观影总人次已达到11.21亿，相比之下，2015年同期是9.98亿人次。这说明，电影观众并未离开大银幕。

第三，影院建设。2016年年初，国内银幕数只有32000块，2016年至截稿，全国银幕数已达到37817块，年底有望达到40000块，中国已实现IMAX、巨幕的拥有量全球第一。

第四，中国电影的创作和投资主体在原来1200个不变的基础上，猛增了几百个。电影的创投主体仍然非常活跃。

在10月13日晚的媒体沟通会上，电影局局长张宏森表示，从所有指标来考量，中国电影都是处于增长状态。

在他看来，中国电影经历了2015年的峰值之后，2016年的震荡是一次难能可贵的洗礼，它会淘汰劣质的产品，淘汰泡沫化的创作，淘汰一些急功近利、投机取巧的投资或项目，真正迎来用优秀的电影作品和观众建立良性互动关系的稳定阶段。

对于宏观数据的分析，光线传媒总裁王长田给出了另一个层面的解读：截至2016年9月，电影总票房为356亿元，比2015年同期增长了8.6%，但2014年的总票房为296亿元，如果2016年能达到480亿元，就相当于比2015年增长62%。

他表示，在2015年的基础之上，即使2016年的增长速度是10%，那仍然是一个很大的增长。美国20年的票房增长了不到10%，而中国的国民经济只有4%~5%的增长。这样看，电影市场的增长速度是GDP的2~3倍。

中影股份董事长喇培康则认为，中国电影发展的动力依然非常强劲，这来自13亿人口的观影需求。现在的增速放缓只是中国电影挤出泡沫，回归理性，恢复常态，返璞归真的必然过程。

“反观国外，特别是好莱坞，我没有听说过唱衰中国电影的言论。9月中旬，我出访多个国家，当地的政府、电影管理部门都把我们这个中影代表团奉为上宾。它们依然看中了中国电影强劲的发展动力。”喇培康说。

“我们只是朝着一个前进的方向稍微调整了我们的速度，这个调整尽管不是我们主动去做的，是市场的调整传递过来的，但毕竟只是调整了速度。沉舟侧畔千帆过，是这个行业的常态。”上影集团董事长任仲伦称。

追问2：
资本是否正在远离中国电影？

曾经，电影与资本有过一段“蜜月期”，大量的业外资本涌入影视行业。但随着资本的涌入，一定程度上也造成了电影行业原有秩序的混乱。有人评价：资本绑架了电影。

对此，导演薛晓路显得慷慨激昂。“这是最好的时代，也是最坏的时代。好是因为我们的电影事业在蓬勃发展。蓬勃在老板们纷纷上市，演员、编剧纷纷成为老板。”

如今，这一切变了吗？

根据王中磊的观察，近段时间受舆论影响，资本似乎有点慌，有点乱，但他表示：“大家不用特别担心。”

“资本的确给了电影产业很多助力，但它是助力的柴，不是燎原的火。”王中磊说：“其实资本涌入一个行业，这是一个积极的现象，说明对这个行业有信心。这几年资本大量涌入电影市场，催生出大量作品，甚至在一定程度上，造成烂片比例的增加。市场已经超出我们预期3年了，缓一下，大家才有机会静下心来探讨内容质量。”

王长田表示，现在中国电影市场仍处于高速发展时期，资本大量投入让我们练手，让我们培养新导演，让我们去做新类型的尝试。相比之下，美国电影市场那么多影片跑到中国来找钱，是因为它们的资本出了问题，而不是因为它们的创造力出了问题。

“所以，对资本要采取一种感谢的态度，要善待它，不要去糟蹋它。要对资本持有一种宽容的态度，如果哪天资本对电影市场灰心了，不投入了，中国电影真正的拐点才会到来。”王长田说。

知名导演贾樟柯以自己的公司暖流影业为例，证明资本不但没有离电影而去，反而已经开始出现包括艺术片在内的多元选择。

“去年，我以完全现代的金融结构成立了一家制片公司——暖流影业。我们的诉求是拍摄创意类型的电影。我们公司给我和资本的接触提供了近距离观察的角度，资本在电影领域的活跃以胶对电影的信任也带来了创作的可能性，给了很多年轻导演创作的机会。比如我自己监制的影片《在码头》，定位是艺术电影。资本面对这样庞大的资本市场有了多元的选择，开始注重投资创意突出，能够反映现实社会的影片了。”

追问3：
国产电影的内容制作水平是否在稳步提升？

“中国电影近4万块的银幕，吃不饱。”这一判断来自张宏森，他再次用数据说话，2016年国庆节档期，最好的影片，最黄金的时间，最高场均人次只有45人。中国电影经过了连续十几年的高速增长乃至去年的超高速增长之后，培养起来的一大批中国观众，必须要用好电影才能留住。

在论坛现场，感受最深切的是，无论是出品人、导演还是编剧，都纷纷将内容质量的提升放到了最为重要的位置。

博纳影业总裁于冬表示："当中国电影进入放缓阶段时，越来越需要专业的态度。"他认为最终公司靠的是电影说话，如果电影质量出问题了，用非市场的方式也不可能扭转。

于冬拿《湄公河行动》从1亿元预算加到2亿元举例说，电影出品方在这个外界所谓的拐点到来的时候，更是要发挥专业态度和企业家精神。连接资本和创作者的电影公司，不要干预导演的创作，一旦定了，就要全力以赴给足资源。

拍了《滚蛋吧！肿瘤君》的80后导演韩延表达了一个新的观点，他认为，近几年电影高速发展，片子拍摄量大了，导致很多电影工作者超负荷工作，形成恶性循环。"我感觉，现在拍片没法像当年我拍处女作那样，带着工匠精神去精雕细琢每一个镜头。"

韩延表示，现在的电影工作者长年穿梭在不同的剧组中，一刻不得休整，早已把拍电影当成了一种赚钱的方式，完成了工作拿到了钱，没有犯错误就是他们最高的目标。同时，从胶片到数字化，也让很多电影人丢失了对电影的敬畏，片场犯错很容易得到包容。希望电影人能有喘口气的机会，重新找回工匠精神。

"发展、质量、改变、团结，这是中国电影需要凝聚的长春共识。"张宏森说，"如果一夜之间，4万块银幕门可罗雀，这幅图景我们想都不敢想。为了将观众留在我们的座位上，我们必须改变我们的路径。"

100万元就能买《摆渡人》理财产品？为何影视行业又成第三方理财圈钱重灾区？

大家都在吐槽《摆渡人》剧情的时候，有些人却在通过《摆渡人》寻找发财的机会。

我们注意到，一款名为19号贺岁影视基金的产品于《摆渡人》上映前在各大影视微信群公开寻找投资方，对方声称握有10%的《摆渡人》投资权益，只需100万元就能加入基金，分享票房收益，“前期基金盈利89%！本期最高6%年息+50%分红”。

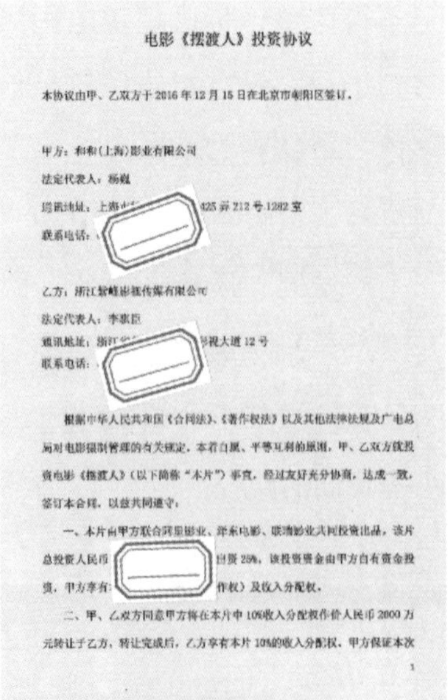
电影《摆渡人》投资协议

本协议由甲、乙双方于2016年12月15日在北京市朝阳区签订。

甲方：和和（上海）影业有限公司
法定代表人：杨巍
注册地址：上海市[illegible]425弄212号1282室
联系电话：[illegible]

乙方：浙江紫峰影视传媒有限公司
法定代表人：李张臣
通讯地址：浙江省[illegible]影视大道12号
联系电话：[illegible]

根据中华人民共和国《合同法》、《著作权法》以及其他法律法规及广电总局对电影摄制管理的有关规定，本着自愿、平等互利的原则，甲、乙双方就投资电影《摆渡人》（以下简称“本片”）事宜，经过友好充分协商，达成一致，签订本合同，以兹共同遵守：

一、本片由甲方联合阿里影业、泽东电影、联瑞影业共同投资出品，该片总投资人民币[illegible]出资25%，该投资资金由甲方自有资金投资，甲方享有[illegible]作权）及收入分配权。

二、甲、乙双方同意甲方将在本片中10%收入分配权作价人民币2000万元转让于乙方，转让完成后，乙方享有本片10%的收入分配权，甲方保证本次

1

这到底是真是假？

19号贺岁影视基金向我们提供了一份扫描版的投资协议，该协议显示，基金的关联方紫峰影视从和和影业手中购买了《摆渡人》10%的收入分配权，并承诺充当“影子投资方”，不享有本片版权，不具有署名权。

看上去，这份投资协议有模有样，甚至在本份合同中，还显示和和影业承诺本片票房不低于

××亿元（此处被遮挡），出品方总收入不低于2.3亿元，“差额部分由和和现金补足”。

但当我们将这份协议拿给和和影业确认时，对方惊讶地称，“这个协议是假的，太离谱了”“连合同章都是假的”。

无独有偶，博纳影业也发布声明，称接到网友举报，有人利用博纳公司或公司高管名义，打着影视融资的旗号，在外招摇撞骗。

而之前爆出的《大闹天竺》疑似集资诈骗事件，最终也遭到了片方的否认。

从2016年开始，《叶问3》《爵迹》等多部影片都出现了与之相关的众多理财产品，也有不少投资者开始关注影视项目背后的投资机会。然而，打着电影的旗号，到处招摇撞骗，超额募资，却成了行业痼疾。

《摆渡人》现理财基金，投资100万元，可分享票房收益？

对于一般观众来说，票房已达3亿元的《摆渡人》只是一部电影而已，但却出现了这么一款电影理财产品。

2016年年终巨献19号贺岁影视基金

规模：7000万元

期限：12个月（锁定期）+6个月（退出期）

预期收益：6%（年息）+50%（分红）

募集时间：1周

资金用途：投资于周星驰、徐克的《西游伏妖篇》（大年初一），梁朝伟、金城武的《摆渡人》（12 月 23 日上映）。

导演、演员、发行方（和和影业，阿里影业，英皇娱乐）阵容强大，可上百度百科了解！

2015 年贺岁基金中广影视半年期盈利 89%！

2016 年，19 号基金——为回馈而来，盛大开启！份额不多大家抓紧了！！！

投资经理电话：136××××2816

在电影上映期间，多个影视群同时出现这么一条消息。募集资金投资《摆渡人》，到底是真是假？

我们尝试拨打消息中的投资经理的电话，对方表示这一基金由一家叫深南创投的 PE 投资机构设立，在这只 19 号贺岁影视基金之前，该机构还发售过多款股权投资项目基金，其中包括一款投资冯小刚、陆川导演的电影的基金。

那位投资经理表示，基金是通过董事长张嘉兴，从和和影业那里拿到了《摆渡人》和《西游伏妖篇》的收入分配权，一共有 10% 的投资份额。

对方发来的资料显示，深南创投董事长张嘉兴是北京大学 EMBA 工商管理硕士，港大金融博士在读，财富汇创始人，有 10 多年的股权投资经验，先后在易居中国、花旗银行、中房集团、福信集团、杭商金融担任高级管理或 CEO。在深南创投的官网中，我们确实也看到了该家基金宣称的投资优酷、金蝶集团的成功案例。

对方表示，两部电影的投资额分别是《摆渡人》2000万元，《西游》5000万元。“电影《摆渡人》一共投入2亿元，我们占10%；《西游伏妖篇》一共投入5亿元，我们占10%，两部电影虽然有一点溢价，但比较低。”

“深南作为GP，领投将不少于（该基金的）10%。”该渠道经理表示，在该基金中，深南自己会投资至少700万元。

而对投资者设定的投资门槛是100万元起，没有其他手续要求。“我们有老客户最多投了700万~800万元。”他补充道。

我们向该销售经理索要投资合同，对方发来一份签署于12月15日的联合投资协议，其中甲方是和和影业，乙方叫浙江紫峰影视传媒有限公司。工商资料显示，浙江紫峰的控股股东叫深南控股，这家公司的法定代表人正是上文提到的张嘉兴。

这份文件显示：

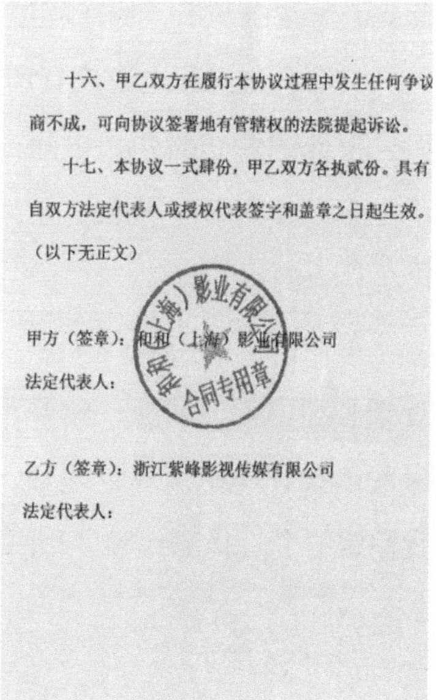
十六、甲乙双方在履行本协议过程中发生任何争议
商不成，可向协议签署地有管辖权的法院提起诉讼。
十七、本协议一式肆份，甲乙双方各执贰份。具有
自双方法定代表人或授权代表签字和盖章之日起生效。
（以下无正文）
和和（上海）影业有限公司 合同专用章
甲方（签章）：和和（上海）影业有限公司
法定代表人：
乙方（签章）：浙江紫峰影视传媒有限公司
法定代表人：

和和影业将本片中10%的收入分配权作价2000万元转让给浙江紫峰，浙江紫峰享有本片10%的收入分配权。本次转让不造成本片版权的改变，和和依然享有本片25%的版权（著作权），浙江紫峰不享有本片版权。浙江紫峰不具有署名权，也不要求对外宣传署名权。

截至2017年2月1日，本片票房不低于××元（此处被遮

挡），出品方总收入不低于2.3亿元，浙江紫峰收入不低于2300万元，差额部分由和和现金补足。

协议签订之日起，本片广告植入的收入计入本片收入，乙方有权享有收入的10%。

令人疑惑的是，协议中和和影业只有签章，没有法定代表人签字，乙方没有签章也没有法定代表人签字。“甲方刚刚寄过来，有甲方的章，乙方的盖上就好了。双方都很忙，而且也都是老相识了。”对方解释道。

和和影业：公章及协议是伪造的

2016年12月26日，我们向和和影业董事长杨巍求证此事，杨巍表示毫不知情，他在震惊的同时表示，公司将马上开始调查。

“这个合同我这边没有走过，《摆渡人》没有任何投资合同，而且上面的章是假的，中间的五星和章边缘的印记与我们的合同章是不一样的。”和和影业的一个工作人员表示，相关公章及协议是伪造的。

我们再次致电这位渠道经理，对方依然表示协议没有问题，对于和和影业的回应，他并未进行更多的解释。随后，我们拨通深南创投官网中留下的电话，对方表示：“基金资质无须怀疑，我们曾投资过优酷视频、华海时代、三诺集团等多家公司。”

影视行业
缘何成第三方理财机构圈钱重灾区？

在纷纷扰扰的资金乱局中，博纳影业也曾是受害者。

期间，多个微信群中出现了一个名叫李孟云的人，自称是博纳影业执行董事、总制片人，在进行电影资金募集的活动。行内人向博纳影业求证后，发现博纳内部并没有这样一个人。

最终，博纳只能站出来发表声明，“公司并未通过任何网站、微信公众号、微博等形式开展任何的影视融资业务；同时博纳影业杜绝任何个人冒用公司高管的名义行欺诈融资之违法犯罪行为。”

更早的时候，《大闹天竺》也被卷入某理财平台的圈钱风波。一家互联网金融理财平台声称，与影片联合出品方上海盟米签署了投资协议，在以投资电影的名义向投资人募集大量资金后，却突然爆出兑付困难的消息，而且还存在许多空标、假标以及以小充大的虚标的情况，目前公司负责人已被警方带走。

可以看到，以上影视诈骗项目大多有一个相似的规律，当事人大多打着一部知名影片或者电影公司的旗号，声称自己拥有非同寻常的人脉关系。然后将影视项目包装成理财产品，引诱投资人上钩。

为何影视行业成了金融诈骗重灾区？

一方面，很多影视项目在运营的前、中、后期，的确需要不同程度的资金支持；另一方面，电影作品、电影明星拥有很高的知名度，电影投资被做成理财产品之后，虽然看上去容易让大众了解，但实际上，影视背后不同的投资权益、复杂的投资组合、影视产品回收中超长的账期问题，一般大众很难理解。

2016年4月，我们曾推出《电影金融创新的案例与边界》白皮书，详细探讨电影金融创新背景下市场上出现的种种乱象。

值得注意的是，当下，合规的电影金融产品难觅，而各种纷纷扰扰的圈钱诈骗行为不断出现，却是电影圈的常态。

对于普通大众而言，既不熟悉金融圈，又不了解影视投资的背景，其中的风险几乎难以分辨。更令人痛心的是，一些第三方理财公司打着电影的旗号圈钱，早已涉嫌金融诈骗，此类行为的长期存在，让电影金融市场的成熟与完善，产生了越来越大的难度。

02

电视突围

马太效应显现，**制作公司**转型升级

电视行业的变化，远比我们想象中的快得多。

先说电视台，曾几何时，电视台与电视剧是完全捆绑的，当电视剧输出的平台只有电视台时，双方只有买方与卖方的交易行为，只有交易价格和播出形式值得商榷；几年前，视频网站兴起后，电视剧终于有了另一个出口，电视台也有了竞争对手。

背靠BAT的几大视频网站，购剧费用越来越高，对电视台形成了全面包围之势，大剧不再是电视台的专利，甚至当前的视频网站，已经逐渐从购剧转型为制剧，用以投代买的形式逐渐走到产业链的上游，《琅琊榜2》甚至成了爱奇艺的自制剧。

而电视台创收越来越困难。一线卫视苦苦守住基本盘，甚至推出各种优惠套餐留住广告主，二三线卫视则早已展开了与社会化公司的密切合作，力图深化改革步伐。同时，电视台的骨干精英也不断地在流失，人才、资金难以到位，移动端对传统端的分流，使得电视台面临的处境越来越严峻。

从第一部“先网后台”的《蜀山战纪》开始，双方一直在探讨新的排播模式。对于制作方来说，网与台的差异化排播也能促进剧集的二次传播与口碑孵化。

传统电视剧领域，大剧扎堆、小剧无人问津、两极化趋势越发明显成为2016年的主流。一些行业内的盛事例如春推会、上海电视节、秋推会等，依旧热闹，成功的交易却少之又少，许多中小成本制作的电视剧，甚至一“出生”就投向了网络的怀抱。在高成本、明星卡司的巨额投入下产出的现象级好口碑大剧却严重不成比例，行业内打击天价片酬的声音仍然不绝于耳。

另外，电视剧的类型出新仍然是个难题，在“限古令”之下，有的电视台已取消了专为古装剧量身打造的剧场，但作为内容供应方，制作公司一窝蜂奔向古装剧的局面并没有发生明显的改变，供远远过于求，这个市场的滞销项目会越来越多。

在严格的审查限制下，现实题材作品仍然选择保险的路线，围绕婚恋、婆媳等主话题的作品层出不穷，尽管有一些收视率与点击率均不错的行业剧抬头，但行业始终只是一个辅助元素，并没有成为现实题材中的类型之一。

面对随时变风向的政策管控以及市场上越来越多的挑战，电视台将何去何从？面对视频网站也转型成为制作方来分一杯羹，传统的制作公司会如何升级与转型？

「北京、安徽两大卫视周播剧场被欢瑞包干，是强势发力还是生存所需？」

《琅琊榜2》《深夜食堂》《青云志2》《盗墓笔记2》《十年一品温如言》，北京卫视近期举办的2017年资源推介会可谓是大剧扎堆。

但令我们好奇的是，按之前的报道，北京卫视2015年的盈利情况并不乐观，18亿元的年创收相对于投入完全是杯水车薪。再看2016年，北京卫视在购剧上也还是现实主义风格，并未购买过IP大剧。而到了2017年，北京卫视怎么舍得了在购剧上砸这么多钱?

此外，在2017年北京卫视还一举拿下《青云志2》《盗墓笔记2》《十年一品温如言》《大唐荣耀》4部欢瑞出品IP剧，正式拉通全年周播剧市场，这让人不禁感到好奇。

北京卫视相关负责人告诉我们，他们在2017年大力加强了购剧款的投入，“在竞争如此激烈的情况下，这是生存的必须”。

确实，《新边城浪子》均值0.60%的收视率证明了北京卫视2016年在周播剧的试水很是成功，2017年发力周播剧也是自然。

欢瑞世纪负责人透露，目前他们与北京卫视虽然还未谈定价格，但已经达成合作意向，并有计划将4部周播剧以“欢瑞剧场”或类似概念推出。“我们与北京卫视是一拍即合，接下来将会单个项目逐步推进。”该负责人如是说。

若“欢瑞剧场”最终成型，那么北京卫视与欢瑞的合作将不止于版权交易，这样的合作条件下北京卫视有可能低价购入这4部IP大剧。同时，据我们了解，这4部剧也会同时在安徽卫视以周播剧的方式播出，进行双台联播。当然，在南北两大卫视播放，刚好也不互相抢收视份额。

这样的设计，不免让我们想到了华策之前针对二三线卫视推出的“华剧场”。

但一线电视台为影视公司设立专属剧场尚属首例。这背后也充分证明了一线影视公司在大IP的加持之下，在卫视端的优势地位。

对此，有人总结道：“《青云志2》《盗墓笔记2》主要靠视频网站高价购买就能盈利，在卫视端设立专属剧场，品牌效应和招商效应更为重要。”

欢瑞

包场两大卫视的周播剧，或做“欢瑞剧场”

凭借《青云志2》《盗墓笔记2》《十年一品温如言》《大唐荣耀》，北京卫视以及安徽卫视正式向周播剧发起进攻。

这4部剧的出品方欢瑞世纪，无疑在北京卫视的周播剧布局中占据着至关重要的位置。

众所周知，欢瑞此前一直与湖南卫视有着紧密合作，从《古剑奇谭》《活色生香》到《青云志》《麻雀》都无一例外。

北京卫视与欢瑞世纪的结合在外界看来也是较为突然的，对此欢瑞世纪负责人回应：“我们和北京卫视确实接触得并不是很久，但双方一拍即合。”

从该负责人口中的一拍即合，倒是能够看出端倪。此前北京卫视以《新边城浪子》试水周播剧，在本无人问津的22：00档，取得了平均0.6%左右的收视，直追《老九门》和《幻城》。

在尝到了周播剧的甜头后，北京卫视强势发力周播剧便很顺理成章。而安徽卫视2016年未能抢上周播剧快车，想必也是十分焦虑。

据欢瑞世纪负责人透露，他们与安徽卫视的合作同北京卫视相似，虽然不见得会叫“欢瑞剧场”。

除此之外，该负责人还讲了这几部剧的进度：“《青云志2》目前已经制作完毕，总共18集，大概会在2017年年初开播；《大唐荣耀》在拍摄中，《盗墓笔记2》2016年12月份左右也会开机。这4部剧都会快速推进，能够无缝接档。”

“欢瑞剧场”的概念让人不禁想到了华策的“华剧场”，华策影视的“华剧场”在兵团卫视、青海卫视、天津影视频道、重庆文体娱乐频道等开播以后，又以“华策700剧场”的名称在厦门卫视落定。

在“一剧两星”下，二三线卫视有获得高性价比内容的需求，而华策集团每年1000集的版权增量，能够为电视台提供稳定的内容保证。不过华策同时会介入电视台的剧集编排，通过签约多家省级卫视和地面频道，建立自家的“内容网”，形成协同效应。2015年“华剧场”还通过启动与小米的合作，把此概念平移到了各大线上平台与新媒体渠道上。

但华策还只是在三线卫视和地面频道建立专属剧场，在一线卫视冠名剧场，还闻所未闻。

不过，若“欢瑞剧场”最终成型，北京、安徽两大卫视将依托欢瑞丰富的影视剧资源，提升次黄金档周播剧的竞争力。欢瑞也将通过创新与电视台的合作关系，进一步提升其品牌价值，并进一步参与到联合招商中，提升自己的商务能力。

北京卫视
连年亏损，强势发力背后是竞争困局

2015年，有内部人士透露北京卫视可能盈利状况并不乐观。也正因如此，2016年，整个北京电视台广告部有意使收入额突破

40亿~45亿元，这个数字，相比于2015年京视传媒18亿元的创收基础，是接近200%的增长。京视卫星董事长徐滔卸任，不再管北京台的广告，2016年广告将如何冲刺45亿元？

北京卫视45亿元的创收目标是否达到还未可知，不过从招商会来看，北京卫视2017年的招商压力之大毋庸置疑。

在谈到为何要发力周播剧时，北京卫视相关负责人回答："周播剧更利于丰富剧集内容，吸引年轻受众，在广告招商上也更有优势。"由此可见其对招商的重视。

确实，相较于日播剧而言，周播剧在影响力、传播力、广告价值等诸多方面都有着独特优势。东方卫视总监李勇此前也曾透露，试图将周播剧包装成一个季播节目，按照季播综艺节目的形式运营招商冠名等。

此外，北京、安徽两大卫视与欢瑞创新合作形式，或许将大幅降低购剧成本，这样这两家卫视在黄金档剧集的选择上压力便小了许多。比如，此次北京卫视片单里的《琅琊榜2》《深夜食堂》都能让人眼前一亮。

此前《琅琊榜2》还未开拍就传出卖到1200万元一集，制片人侯鸿亮回应："出的价格比我想象的高，但我没接受那个最高的价格。"北京卫视相关负责人也回应，价格确实没有1200万元那么夸张。"《琅琊榜》在北京卫视播出，侯鸿亮会倾向于与合作过的平台继续合作。"

《琅琊榜》播出期间，北京卫视相应时段18~40岁观众人群外地贡献率达到84%，再加上每年一部旗帜剧的策略，北京卫视对拿下《琅琊榜2》肯定是志在必得了。

而且，据悉《孤芳不自赏》已经达到了1500万元每集，其中播出的卫视一共2家，每一家300万元。这样看来，《琅琊榜2》的价格也不算太离谱了。

近年，省级卫视竞争越发激烈，各大卫视都各尽所能地在政策调整、网络视频崛起、购剧压力陡增的境遇中谋求发展。

北京卫视却一直在第四、第五名之间徘徊，安徽卫视相比10年前不是那么靠前，招商情况也相对一般，此次发力周播剧领域，恐怕也是为应对竞争不得不做出的选择。

言情剧《武神赵子龙》播了49集却不占古装剧份额，“限古令”会松绑吗?

“都说古装剧限额在15%以内，湖南卫视2016年的古装剧限额会不会超标啊？”

作为2016年湖南卫视黄金档的第二部古装剧，尽管有不少人吐槽剧情太长、特效太渣，但《武神赵子龙》还是拿到了多日的收视冠军，而上一部是长达74集（最终播出66集）的《天天有喜2》。

为何连续2部古装大剧都能够在湖南卫视安然地播出？古装剧

播出的限制是否真的放宽了？这些都成了业内探讨的问题。

15%的限额
很严苛，然而《武神赵子龙》可以不占份额？

自2013年，广电总局颁布“限古令”，按业内一般的推算，2013—2014年，每年电视台能够播出的古装剧不能超过150集。到了2015年“一剧两星”推出之后，因为同时规定每个电视台黄金时间播出的电视剧不超过2集，每年每个电视台满打满算也不能播出超过110集古装剧。

2014年年底，《武媚娘传奇》曾遭遇停播，其中的原因除了尺度问题之外还有湖南卫视的古装限额将满，2016年的《武神赵子龙》从原本的60集（45分钟一集）剪为49集（60分钟一集）也有减少古装剧集数的缘故。

然而，在我们的统计中，2015年到现在，有些电视台似乎略有超规。

2015年湖南卫视播出的古装剧有《武媚娘传奇》（78集），《新活佛济公》（35集），勉强满足限额；而浙江卫视有3部长篇古装，《武媚娘传奇》（86集），《聊斋新编》（39集），《多情江山》（54集），看似是超出了限额。

而到了2016年，光《武神赵子龙》加《天天有喜2》湖南卫视版就有105集，几近限额。

那它们是怎么躲开限令的呢？

据业内人士称，《武神赵子龙》《多情江山》这样的重大历史题材是不占份额的。《武神赵子龙》的宣传人员表示，不占份额那是因为赵云是英雄人物，而湖南卫视相关人员说是政策原因。

确实，以中华优秀历史人物生平为题材的剧集是不占指标的，但《武神赵子龙》并不是严格意义上的历史人物传记，不过其能不占古装份额也从侧面体现了，广电总局确实稍有放松对古装剧的限制。

“限古令”出台以来，古装剧反而越多、越贵了

古装剧一直是中国电视剧市场上最有竞争力的门类，海外发行的电视剧大部分是古装剧。原本“限古令”出台的目的，是以政府的“手”来限制古装剧数量，提高古装剧质量，减少粗制滥造的古装剧横行荧幕。

但是市场并不如“限古令”制定者所愿，“限古令”出台3年，古装剧确实较少出现于电视屏幕上，但是这不意味着古装剧拍摄的数量就减少了，各种网络上的古装穿越剧就是明证。而质量总体上确实有一定提高，但是决定质量的更多是市场选择，倒是弘扬历史英雄人物的剧集，质量日渐下滑。

虽然有重大历史题材剧不占份额的规定，但是历史正剧仍旧不是电视剧制片方的首选，2013年到2016年广电总局的备案中，重大历史题材的古装剧仅有8部，连这3年备案的剧目总数的1/100都没到，而古装剧占备案总数的1/3~1/4，从绝对数量上看，古装

剧仍旧是电视剧中的一个热门门类。

而从网播数据上看，古装剧的整体数据是强于现代剧的，《芈月传》《花千骨》《琅琊榜》纷纷跻身2015年网播量冠军。创单集销售价纪录的，也清一色是古装剧。

原本很多从业人士认为，“一剧两星”的时代下，电视剧的成本会降低，但从现在的情况上看，古装大制作仍旧在不断提高制作成本，且古装大制作收回成本也并不困难，《琅琊榜》成本为1.1亿元，首轮卫视版权收入大约3亿元；《花千骨》投资1.05亿元，给慈文至少带来了2亿元的收入；《芈月传》也在开播时将成本全数收回。

并且古装剧较容易开发游戏、周边，《琅琊榜》《花千骨》《芈月传》均开发了手游，“糖宝”衍生品一时风靡全国。

有一个现象是，投资越高，制作越精良的古装大剧，越容易突出重围。近期投资3亿元以上的古装大剧就有《芈月传》《幻城》《海上牧云记》等。群众喜欢，投资方肯投且不愁赚不到钱，古装剧数量仍居高不下也在情理之中。

而一些制作并非那么精良的古装剧正在悄然被市场淘汰，比如《天天有喜》第一季的收视率一直维持在同时段第一的位置，而第二季则并未达到湖南卫视的收视率预期，最终被腰斩。

钻石剧场、网络播放……
另类生长的古装剧

“一剧四星”变为“一剧两星”之后，二三线卫视往往无力承担一部电视剧的费用，尤其是造价较高的古装剧，因此往往选择黄金时段播出热门剧的第二轮或者第三轮，像《武神赵子龙》。除去一线平台购买的那些大热门古装剧之外，大部分古装剧都无法找到卫视平台播出。

但是有需求自然就会生出新的播出形态，一纸禁令并不会阻碍古装剧的蓬勃生长。下面，我们也为大家梳理了一下能消化古装剧的新鲜渠道。

（1）湖南卫视钻石剧场及其他周播剧场、中央八套。

湖南卫视的钻石剧场不属于黄金时段，一般用来播放人气较高的古装剧，据说采购价不低于一线卫视黄金档的价格。东方卫视、江苏卫视新开辟的周播剧场可能也会将资源倾斜于高人气古装剧，比如江苏卫视暑期将播映的《九州天空城》；而中央八套因为是专业电视剧频道，因此不在古装剧限额的名单之内，可以播放更多古装剧，但是中央八套的平台受众人群位于较低层，且采购价较低，一般制作精良的古装剧不会将中央八套作为第一选择。

（2）历史人物+偶像。

轻体量历史剧或许是古装剧的新方向，有不占古装剧份额的《武神赵子龙》为先例，可能会有更多古装剧会顺着这条路子走下去，有历史人物故事的外衣加上年轻偶像的号召力，既能保证市场，又不会在平台的竞争中输掉。《思美人》可算一例，《军师联盟》《三国谍影》也抛去了历史正剧的外衣。

（3）网络播出。

有一些电视剧在难以登陆卫视电视剧黄金档之后，片方选择网络播映能收回成本赢得话题度，在版权时代，视频网站也在争取有播出竞争力的影片，有名导演、名编剧、名演员的《乾隆秘史》就是如此。

广告部接连换帅，超30%为PPT节目——全面起底五大卫视招商困境

“现在已经没什么人愿意当广告部主任了，连频道总监都不想当了，很多都是临危受命。”

浙江卫视营销中心主任楼志岳被换掉后，新主任还未对外公布。另外，2016年以来北京卫视、东方卫视、湖南卫视的广告部主任也都纷纷换帅。

2016年的海口广告节上，一位广告圈的大佬说，一线卫视广告部营收压力巨大，节目“裸奔”、项目烂账对平台造成了不少伤害，二线卫视的收视率已掉到不能再掉了，“不敢碰的人一大堆，但也有了捡便宜的机会”。

海口的海岸线很美，但电视台的日子过得像海水一样咸。

我们梳理了一下2016—2017年卫视招商季的三大现象：

❶ 一线卫视都在拼命变着法子鼓励和安抚投资人。比如硬广不敢涨价，连湖南台都在送优惠套餐，二线卫视则必须抱团取暖。

❷ 各大卫视都在积极推出新节目，但大量被质疑只是PPT版面。某一线制作公司营销总监说：“我敢说在海口大家见到的版面，30%都是虚的，50%都是在观望。就是拿出去试试，没钱肯定不会做的。”

❸ 很多年轻品牌预算不够，有的转移到互联网，有的出现烂账、欠款等现象，唯有传统大型企业被认为是安全系数最高的。一位代理公司资深人士表示：“现在大家都想服务好老客户，新冒出来的客户变少，这两年客户起伏较大，今天的客户可能明天就没了。”

虽然我们也曾盘点过2016年OTT市场的前景，但无意唱衰电视台的生存环境，毕竟各大卫视有的逆势上涨、有的基本持平或获得了微利，它们在这一年里经历的生存难题、遭遇的行业乱象、面临的竞争“囧境”，都值得做一次大的梳理和复盘。

敲响警钟，是为了2017年更好地前行。

盘点五大卫视成绩单：靠大IP养活，表面风光？

首先，来晒一下各大卫视2016年的成绩单。

据可靠消息显示，湖南卫视的收入突破了100亿元，比2015年略涨，《快乐大本营》《天天向上》两档经典节目每年能为其带来超过10亿元收入。不过2016年只有少量新节目如《我想和你唱》有上升空间，而其他大量节目如《我是歌手4》《全员加速中2》均陷入疲软状态或被叫停。如果2017年还是打造不出一个新爆款，招商应该会受影响，所以必须稳定军心。

浙江卫视的收入超过了预期中的80亿元。单一个《奔跑吧兄弟》就创造了近20亿元的营收，《中国新歌声》最高收视率未破4%，营收低于前季但依旧有十几亿元；另外《来吧冠军》《十二道锋味》《24小时》等都要做续集，因为品相好、好植入，不少节目的商业空间有涨势。

相比于2015年的30亿元，2016年东方卫视的收入达到45亿元，涨幅明显。据悉，其剧场的广告规模占总收入的35%~40%，综艺方面《极限挑战》带来了超过10亿元收入，另外《欢乐喜剧人2》《笑傲江湖3》这样的喜剧节目，《金星秀》这样的周间脱口秀，收视率和营收均可观。不过，因为客户基础薄弱，《星球者联盟》“裸奔”等现象对平台伤害较大。另外，周播剧场方面，预计2017年才能实现盈利。

跟2015年差不多，2016年江苏卫视依旧是40多亿元。上半年靠《最强大脑2》带来超10亿元的营收，另外《我们相爱吧》《蒙面唱将猜猜猜》等节目口碑和收视率呈上涨趋势，据说软广比重高达56%。不过，江苏卫视缺的也是新爆款。另外，剧场方面它和其他卫视一样都在砸钱养市场、保收视。

至于北京卫视，据说2015年是18亿元的营收，2016年40多亿元的目标也很难达到。此外，北京卫视换了新台长，人事变动较大。我们前面谈过徐滔卸任京视卫星董事长，不再管北京台的广告。而由徐滔主导的《跨界歌王》《跨界喜剧人》等综艺虽提升了平台气质，但项目是否赚钱还得另说。

诚然，营收不等于盈利。投入成本有多高、是否出现负增长，恐怕只有卫视内部知道。一位省级卫视广告部负责人说，2017年大剧会越来越贵，不少卫视肯定要靠拆综艺的东墙补剧的西墙。一般的综艺除去成本赚不了多少钱，想盈利只能看谁率先或连续做出新IP了。

节目“裸奔”、项目烂账、广告主反噬，这是卫视招商三大坑。

小打小闹挣不到钱，但项目投入越高、风险就越大，不管是对制作方、平台方、还是广告主，这都是一场赌博。

2016年的诸多失败案例，背后有太多的遗憾、无奈和愤怒。

一大坑：
节目“裸奔”，没钱赚、伤害平台

以东方卫视《星球者联盟》、浙江卫视《熟悉的味道》为例，拿不到最大头的冠名肯定是损失，虽说几个特约也许能覆盖成本，但平台付出了版面资源却赚不到钱，就相当于在亏钱。

这里有两种可能性：一种是内容不好，平台又找不到钱，对平台形象造成较大的伤害。另一种是内容不错，平台愿意培育IP，像《熟悉的味道》就将做第二季，但不是每个项目都可以成为下一个逆袭的《欢乐喜剧人》。

我们认为，这考验的是平台客户基础、销售能力、选项目的眼光、对项目的掌控力等。

种种案例说明，先看明星阵容，不如先看是否有成熟的制作团队、有创意的节目模式，这其实是大家已经忽略了的逻辑。

二大坑：

预付模式下，容易被广告主施压，反过来伤害内容或平台

据知情人士介绍，网络综艺的广告是播完付款，电视节目的广告一般会在播出前预付一点钱，假设它中间播得不好，可能会撤单或者克扣付款、提出其他苛刻的要求，也许会反过来伤害内容。

为了安抚广告主，节目制作方可能要强行为该品牌加戏。

比如《我们战斗吧》有一期直接把拍摄地点挪到了海天的工厂录制，让整场节目十分尴尬。而平台方也许还不得不牺牲其他版面，解决广告商的不满。

三大坑：

被没钱或不靠谱的广告主忽悠，最终被欠款或直接烂账

举一个典型的案例，玖玖爱连续冠名了湖南卫视的《透鲜的星期天》、东方卫视的《加油美少女》，不过最终节目播出后，

产品销量并没有提上来，导致结账时广告主拿不出钱，据说至今它还欠着上述某家卫视几千万元。

当然，还有一种情况是在找不到广告主时，在最后关头选择一个跟节目不搭调的品牌。这可能让广告主得不偿失、内容方也无计可施，并非双赢。

分享一个有趣的正面案例，据说当初某品牌跟《中国新歌声》签了一份6000万元的合同。但星空传媒首席运营官曹志高告诉我们，当时他们和浙江卫视商量了3个小时，最终把这个单子给退了，原因是怀疑该“金主”的付款能力。

以上就是综艺圈的各种大坑，希望入局者都能机智地绕道而行。

广告部
接连换帅、同质化竞争加重，2017年卫视该何去何从？

整体形势不太好，真正能赚钱的又少，卫视内部还有不少小动荡。各家卫视一方面压力很大，另一方面又不得不自我打气、一鼓作气、各出奇招。

（1）卫视高层换帅、金牌团队流失到友台。

前段时间，湖南卫视把广告部主任换成了文威、把宋点派回了节目一线。在湖南卫视的招商会上该卫视的负责人一方面提出了“护盘保值”的战略，另一方面又号称要推出23档大型季播节目，其中14档新节目占比高达60%。我们认为，这正是典型的广撒网行为，客户对哪个感兴趣就做哪个，那么多节目总能出几个爆款吧？

说到东方卫视，虽然它的整体收视率稳步上升，但对新上任的东方卫视广告营销部总监来说，其收视和营收并不匹配，因为起步较晚，整个盘子只有浙江卫视的一半左右。如何改变客户基础差、操盘能力不足、销售能力弱、创收增长慢等难题，依旧是一次巨大的考验。

至于北京卫视，新的领导班子上任后据说还在洗牌阶段。徐滔卸任京视卫星董事长后，目前正主抓《跨界喜剧人》等综艺内容。平台如何发力，力挽狂澜，还有待观察。

而浙江卫视营销中心主任出现变动，这种因外界诱惑、自身发展需求等原因而导致的人才流失，其所在部门必定要花上一段时间来适应和调整。

当然，除了高层的变动，湖南卫视廖珂、浙江卫视岑俊义等金牌团队离职后都要去东方卫视做真人秀，届时将与老东家的节目正面对抗，对原平台来说，多少是一笔损失。

（2）OTT、视频网站瓜分蛋糕、各大卫视节目同质化严重。

我们仔细研究了各家卫视2017年的最新编排。发现户外真人秀、喜剧类节目、婚恋类节目、音乐（才艺）类节目，都不可避免地有扎堆迹象，有人担心这只会进一步加大内耗。

而OTT、视频网站的网生内容不断崛起，已经在加速瓜分卫视的蛋糕了。“钱就那么多，你多一点我就少点，这是必然的。”

说到底，湖南卫视能否通过开发N档新节目、扩大制作分离等创新举措保住收视率第一的位置？江苏卫视能否把原有的优质节目变成爆款？浙江卫视能否把《声音的战争》等新节目做到广告商满意的效果？东方卫视能否抵抗住友台同质化节目的冲击，把“脱口秀+喜剧”的作用发挥到最大？而北京卫视能否做出好节目实现逆袭……

艰难前行的背后，我们保持观察，并寄予期待。

03

娱乐王侯

“并购”与“并购失败”成为年度关键词

2015年不仅是中国电影票房增速最快的一年，也是影视行业各路资本狂欢的前夜。

万达、光线、华谊兄弟等二级市场的公司在资本运作上频频布局，整个新三板甚至爆发了一阵小高潮。包括合力辰光、艺能传媒等在内的多家影视公司都集中登陆新三板。

但当大量的热钱进入之后，影视行业开始出现泡沫化，存在公司估值居高不下，演员片酬难降低等各种现状。

进入2016年，原本摩拳擦掌抢滩影视圈的资本开始冷静下来。一方面是受电影市场不景气的影响；另一方面也受证监会对跨界定增、并购等资本交易的严格控制的影响。

根据我们的盘点，2016年以来，在二级市场的大公司并购中，万达影视和传奇影业打包装入上市院线，共达电声并购春天融合以及乐华文化，三七互娱收购中汇影视等7家公司均以失败告终。

整整2年的时间跨度内，影视公司，甚至文化领域内的所有公司正在完成一个不断轮动，重新回归价值发现的过程。

黑暗过后，黎明将至。2017年各家大公司又将开启怎样的资本运作狂潮？

博纳再融资25亿元，于冬：“我专注于电影，很多老板做不到！”

前不久，博纳影业集团正式宣布完成继私有化之后总规模为25亿元人民币的A轮融资。

本轮融资由阿里影业、腾讯领投，中信证券金石基金、国开金融有限责任公司、中植企业集团、招银国际金融有限公司、工商银行、新华联集团等机构参投。投后估值150亿元。

这是博纳影业上市前的最后一轮融资。于冬坦言，这轮融资不仅降低了博纳的运营成本，也为博纳未来排队3年上市准备好了所需要的粮草和弹药。

在宣布这一消息之前，我们对博纳影业CEO于冬进行了一次独家专访。当时他正好从南昌《建军大业》的关机典礼上回来。“《湄公河》已经翻篇儿了，我现在在忙《三少爷的剑》。”

在完成25亿元A轮融资的同时，博纳影业的私有化也走到了最关键的一步。

从2016年4月，博纳影业宣布从美国纳斯达克退市，阿里、腾讯、复星、金石等7家财团以9亿美元的估值回购美国股民以及机构手中所有的博纳影业股份。

“退市仅仅完成了私有化一半的工作。现在，我们面临的是拆除VIE结构以及股改两大任务。7家股东已经准备好拆除VIE

所需要的45亿元资金，等通过外汇管理局出海，就可以完成整个私有化流程。”于冬说。

除资本运作上的顺风顺水之外，博纳影业这2年的电影项目表现也可圈可点。春节档的《澳门风云3》和国庆档的《湄公河》票房双双超过11亿元。根据统计，2016年博纳影业的净利润可达到4亿~5亿元，而由博纳影业主投主控的影片票房有望达到国产影片总票房的8%~10%。

此外，还与韩寒合作拍摄《乘风破浪》，与林超贤合作拍摄《红海行动》，以及与中影股份合作，由黄建新、韩三平监制，刘伟强导演了《建军大业》等多部大片。

回归之后的博纳影业正在重新出发。

45亿元举债回归，同步完成25亿元A轮融资

于冬经常调侃博纳私有化回归选择的时间节点不好。“一回来就遇上股灾，A股一共3000多只股票，跌停了2000多只。”正因为这件事情，他甚至打算拍一部关于股灾的金融题材电影。

但博纳影业退市之后拆除VIE的工作却进行得相当顺利。

现在，7家私有化股东只需要按照博纳影业退市的估值，将等价的人民币汇给博纳影业的中国公司，再通过外汇渠道汇出海外，就可以清退之前博纳影业开曼公司所有美元股份。

在9亿美元的估值中，除了3亿美元的散户股份以外，7家私有化股东需要支付的钱是40亿元人民币。考虑到汇率方面的波动，

以及一定比例的外汇管理税，正式交割的金额大约为45亿元人民币。

这笔钱已经打到了博纳中国公司的账户上。与此同时，博纳还完成了25亿元的A轮融资。在于冬看来，对标同类影视公司的估值，对于一个非上市公司来说，博纳影业150亿元的估值，为自己留出了足够的盈利预期。

“其实我不需要这么多钱，原本打算按照投前135亿元的估值募资15亿元，后来不少机构都想投，所以就超募了10亿元。”

与此前退市时9亿美元的估值相比，150亿元人民币的投后估值相当于才半年多时间，博纳影业的估值便翻了3倍。

“我们为排队所带来的时间和成本的增长，以及诸多不确定性准备了充足的弹药和粮草。如果排队3年，那么3年不能融资。”于冬表示。

于冬：“我能做到专注于电影，很多老板做不到这一点”

“我觉得能把电影做好，在中国企业家群里面就会有我的位置。除了电影以外，我不想别的，很多老板做不到这一点。”

这已经不是于冬第一次释放聚焦电影主营业务的信号了。一直以来，与其他涉足游戏以及网络剧的电影公司不同，博纳强调制作、宣发、院线三大板块均衡发展，每年制作和发行10~15部电影，网络剧、网络大电影、游戏都不碰。

截至2016年12月1日，博纳影业2017年到圣诞节之前的电影不仅全部拍摄完成，而且，不少影片已经进入后期制作阶段。“我希望2017年，不算博纳参与的进口片，总票房业绩仍能超过2016年的水平。”于冬说。

在博纳影业2017年的片单中，有许鞍华导演的文艺动作片《明月几时有》；王晶监制、关智耀联合导演的《追龙》；韩寒导演的《乘风破浪》；林超贤导演的《红海行动》；与中影股份合作，刘伟强导演的《建军大业》。此外，刘德华监制并主演的《拆弹专家》，以及陈嘉上导演、赵文卓主演的《战神戚继光》都已经杀青。

在引进片方面，包括《佩小姐的奇幻城堡》，李安导演的《比利·林恩》，2015年年底上映的《火星救援》等4部进口影片都计入博纳影业2016年的营收。加上这4部进口片的票房，2016年博纳影业的票房总收入可达到40亿元。

“我们预计这次应该又是行业里面的票房前三名。作为主投主控来说，博纳票房应该是排名第一。”于冬自信地说到。

截至2016年12月20日，博纳出品的影片在国产影片票房中的占比已经达到9%。于冬希望，这个比例能达到10%左右。事实上，这也是博纳影业的核心竞争力的体现。业内其他几家公司的票房业绩都有大年及小年之分，而博纳的业绩一直比较稳定。

在对比过业内多家业务模式类似的大公司之后，于冬更加坚定要实现全产业链各项业务全面均衡发展的目标。“我们今年5亿元的利润，最健康的状态是，制片投资收益利润1.5亿元，发行1.5亿元，影院收入1.5亿元。”

未来，博纳的着眼点在于如何让影片自主知识产权产生更多收益。比如，除了院线收入以外，还有版权收入，以及未来的主题公园的授权。

既有研发能力，又有具备变现能力的影院收益，还有老片库所带来的价值提升和衍生产品共同形成的强大盈利能力，这是博纳未来追求的目标。

Q&A

（1）现在有种说法，认为中国电影市场的黄金增长期似乎已经过去了。博纳只聚焦电影主业的话，会不会错失更大的机会？

于冬：博纳影业在美股耽误了 5 年，再排队 3 年上市，前后要 8~10 年的时间。这时候要在行业里迅速扩张，靠的是你强大的内生增长动力。在行业重塑期间，有很多资本进来。这个时候更加需要掌门人能够沉住气，把自己的主营业务做好，使得你在这个行业里不掉队。

（2）我注意到这个行业正在涌现一些新的发行公司，您觉得发行公司还有发展空间么？

于东：我觉得空间还挺大的。因为拿着片子不知道怎么发的大有人在。发行还是一个供不应求的行业，一些片方在固定的档期内找不到好的发行方，就会找一些小发行公司，有可能它们就一战成名了。

电影这个市场会越来越细分，专门做服务的公司会分出很多行业门类来。还有很多营销公司慢慢转型去做发行，包括电商现在也在想办法弥补它们在电影院烧的钱，然后渗透到发行中来赚一点发行资金，2016 年《驴得水》做得非常好，这样的机会很多。

（3）现在经常提“移动互联网下半场”的概念。您觉得互联网公司对电影行业的影响，接下来会是什么趋势?

于东：互联网公司经过 2 年多的冲刷，势头已经减弱。它们更想渗透到电影产业中去，而不是仅仅拿到所谓的大数据和流量。比如猫眼跟光线合作，逐渐渗透到发行中，微影参投了一些影片，淘票票也是，现在开始以参股的形式形成各种联盟。还有就是通过金融产品或者是股权投资，进行对内容公司的布局。比如腾讯旗下的企鹅影业和腾讯影业，也在签导演，签演员，成立艺人部，老老实实做电影。现在到了互联网和传统电影的一个互补的时代。

（4）之前您在接受采访的时候说过要投一些前期的内容公司，像一些导演工作室，您会考虑投么?

于冬: 导演工作室肯定会投。但博纳也不追求为了投资而投资。大家在相互合作中建立了信任，各家有各家的打法。

新浪微博1.2亿美元领投秒拍母公司，总裁赵丽颖制造代言新高度？

2016年冬，秒拍、小咖秀、一直播的母公司一下科技召开E轮融资发布会，宣布完成5亿美元融资。

这是一下科技融资史上单轮融资金额最高的一次，同时，此轮融资也创下国内移动视频行业的单轮融资金额最高纪录。

最出乎意料的，还是一下科技CEO韩坤宣布赵丽颖加入一下科技，并担任副总裁职务。明星与企业品牌之间的关系，从最开始纯粹的代言人发展到新广告法之后的各种“首席××官”，而赵丽颖担任副总裁，似乎已经达到了一个新高度。

这主要是由赵丽颖的形象在社交媒体上的传播决定的。她是2016年上半年新媒体V指数排名第一的女星，也是2015年微博人气投票选出的“微博Queen”。这样的人气与一下科技三款产品，以及新浪微博的社交平台定位高度吻合。

而新浪微博也出现在了此次一下科技的E轮股东名单中。这次豪华股东名单中，除了领投的新浪微博，还包括上海广播电视台、上海文化广播影视集团有限公司（SMG）旗下的产业投资基金、光控—分众新产业投资基金、微影时代、凤凰投资、尚城资本、乐逗、Axiom Asia等。

回顾一下科技之前的三轮融资，新浪微博均在其中。之前，微博递交给SEC的文件显示，公司以1.2亿美元投资了一下科技。微博还在文件中披露，截至目前，微博已经向一下科技累计投资1.9亿美元。

在E轮融资之前，新浪微博已经是一下科技除创始团队之外的第一大股东。这轮融资结束之后，尽管没有透露新浪微博的持股比例，但想必也不会比之前更少。有人戏称，新浪微博是一下科技的“干爹”。但新浪微博与一下科技之间的亲密程度远胜于此。

一下科技和微博的时间关系表

融资时间	轮次	总融资额（美元）	投资方
2016 11.19	E轮	5亿	新浪微博 （投1.2亿美元，多轮共投资1.9亿）
2015 11.24	D轮	2亿	新浪微博 红杉资本中国
2014 9.1	C轮	5000万	KPCB凯鹏华盈中国 Star VC 新浪微博 红点投资（Redpoint Ventures）
2013 7.1	B轮	2500万	红点投资（Redpoint Ventures） 新浪微博 晨兴资本

在我们看来，一下科技和新浪微博之间更像一种共生关系。除了代言人上的契合、资本上的绑定之外，一下科技的三款产品也与新浪微博相互融合，甚至两家公司在战略上也高度协同，公司高层之间也每周定期碰面。据悉一下科技高层每年要提出2个大战略，而这些战略，都是跟新浪微博商量过的。

可以说，没有一下科技的新浪微博可能无法复苏，而没有新浪微博的一下科技也无法称之为独角兽。

“首席XX官”的
代言玩法已过时，但为何是赵丽颖当副总裁？

秒拍CEO韩坤在融资发布会上正式宣布赵丽颖成为一下科技副总裁，工号0535。

“赵丽颖公号的四位数有没有什么特殊含义？”“中华人民共和国劳动法第53条是怎么规定的？”主持人撒贝宁在台上围绕赵丽颖入职开了一系列的玩笑，憨厚的韩坤略显拘谨地说，“我原来还想工号弄个8888什么，不知道为什么最后就选了这个”。

事实上，明星担任公司高层的案例并不少。比如，贾乃亮担任一下科技旗下一直播的首席创意官，何炅加入阿里音乐担任COO，郑钧加盟太合音乐担任首席架构师，Angelababy担任国内一海淘电商的首席时尚官——简称CFO，宋仲基担任国内某饮料商的首席漂亮官，简称CPO（又一英文+拼音混用的案例）……

这些明星的头衔几乎都是挂名的虚职，只是变相代言。明星任高管一是规避了代言风险，二是“明星来给我打工”本身更有话题性，利于营销，粉丝也愿意接受“我家本命有商业头脑”这件事。

令人不解的是，为何赵丽颖不像其他明星一样挂名“首席××官”，而是担任副总裁呢？要知道，企业中副总裁的职务，多少是要有实权的。

会后，韩坤表示，赵丽颖主要在公司中负责扩大内容方面的工作，“毕竟，赵丽颖拍了那么多部优质电影，还是有不少人喜欢看她的作品。”

2016年来，赵丽颖是电视剧作品网络播放总量排名第一的艺人，更是上半年新媒体V指数排名第一的女星，以及2015年微博人气投票选出的“微博Queen”。

这些榜单的排名都意味着赵丽颖更具有话题性，以及网红气质。这样的特性与新浪微博社交平台的属性，以及秒拍、一直播的受众属性简直如出一辙。所以，赵丽颖很适合当类似于代言人的副总裁。

一下科技的明星策略，与新浪微博的娱乐属性在产品特性上高度吻合。但两家公司之间的紧密关系又远不止产品属性吻合这么简单。

背靠微博

流量，秒拍、小咖秀、一直播一跃而起

成立于2011年的一下科技，是中国移动短视频娱乐分享应用和移动视频技术服务提供商。但在当时，无论是市场环境，还是用户习惯，对于短视频平台来说，都有点太早。

一下科技的第一款产品秒拍，在2014年之前一直不温不火。也正是在这一年，美拍强势崛起，腾讯的短视频平台微视也跃跃欲试。

内外交困之下，新浪微博CEO王高飞在一次碰头会上分析了秒拍与市场竞品的优势和劣势，建议秒拍应该在运营和内容上发力，才有超越的可能。

听完这个建议，秒拍似乎一下子找到了方向。“如果我们创业的前3年什么都不干，天天睡觉，2014年的时候再干，我们现在也能发展到目前的样子。”韩坤的这句话听起来无奈，但却反映了秒拍当时的现实。

一个偶然的机会是，出现了“冰桶挑战”。当硅谷领袖们纷纷传播“冰桶挑战”的视频时，秒拍迅速组织了很多明星用秒拍拍摄视频，再通过新浪微博转发，吸引了一大批用户。

可以说，通过新浪微博，秒拍积累了自己第一批短视频原始用户。随后，小咖秀出现，并迅速爆红，一下科技迅速收获了第二个爆款。

而小咖秀的火爆也主要是因为新浪微博上诸多明星的极力推动和传播。比如，贾乃亮、蒋欣等明星，有一段时间连续发了各种小咖秀。

有业内人士称，把新浪微博称之为一下科技的护身符不算过分。

借助短视频和直播，
微博开始复苏

一直播诞生后，联合秒拍、小咖秀，共同构成了一下科技旗下的视频生态矩阵。在新浪微博为秒拍、小咖秀、一直播提供用户和流量的同时，由秒拍、小咖秀、一直播形成的一下科技视频生态矩阵亦能够为新浪微博反哺新的内容、关注与热度。

事实上，大概在2014年，有一段时间，营销大号的猖獗几乎毁了新浪微博。由于内容稀缺，这些营销大号确实为微博积累了一批粉丝，但随着它们内容的同质化，并且粉丝中充斥着数以万计的机器粉和僵尸粉，形成了营销号矩阵，对微博的影响就有点变质了。

但短视频兴起之后，微博似乎一下子找到了适合自身渠道调性的产品形式，也抓住了一根“救命稻草”。新浪微博入股一下科技，通过这层资本上的关系，一下科技旗下的秒拍短视频、一直播、小咖秀三款产品全部与新浪微博打通账号。

2016年8月，新浪微博披露第二季度财报，月活跃用户达2.82亿人，特别是移动端的用户数量增长了40%，该领域的短视频和直播视频用户数量正快速增长。这是新浪微博第一次在财报中提及一下科技的几款产品数据。

在第二季度中，一直播的直播场次超1000万场，6月日均观看人次为773万，日均观看时长为38.7万小时；短视频日均播放量达15.7亿次，较上一季度增长235%，微博有望成为中国最大的短视频创造和消费平台。

8月，摩根士丹利维持新浪微博“增持”评级，并将目标价从30美元大幅上调至40美元。摩根士丹利认为，随着短视频和直播产品的陆续推出，微博终于进入了视频这个用户规模为6亿~7亿人的新增市场。长远看将拥有强大的商业化变现能力，因此必将促进微博营收的大幅增长。

就这样，背靠一下科技的三款产品，新浪微博似乎再次复活了。目前新浪微博正在从“图文分享”向“短视频分享”转型，对于内容创业者来说，随着微博从中国Twitter转变为中国

YouTube，将带来一个巨大的红利期。

现在，新浪微博上经常出现除了一直播之外的新浪直播标志，我们向一下科技一位高层打听，是不是新浪开始做自己的直播了？这位高层表示，带有新浪标志的直播也是一直播的团队在背后运作。

两家公司竟然可以如此相互共赢，无缝黏合在一起，也是极其罕见。在业内人士看来，两家公司的亲密关系可以这样形容：秒拍越来越像新浪微博的一个事业部或者一个全资子公司。

双方之间的紧密绑定，除了新浪微博为一下科技的三款产品提供巨大的流量入口支持，或者一下科技的产品带动新浪微博用户的活跃度以外，还有资本层面的协同。

2013年一下科技完成2500万美元的B轮融资，新浪微博领投，红点创投、晨兴创投跟投，2014年，一下科技再次完成5000万美元的C轮融资，其中新浪跟投。一位业内人士透露，不出意外，这应该是一下科技最后一轮融资了。而这一轮，仍然是新浪微博领投1.2亿美元。根据新浪微博公布的财报，其累计投资一下科技1.9亿美元。

更重要的是，新浪微博与一下科技之间在战略上高度协同。

这几年，新浪微博的定位一直在变动，2013年左右定位为媒体属性，后来又定位为社交属性，如今的定位是媒体+社交属性。但不管定位如何变化，新浪微博发现了一点，视频，尤其是短视频成为更加适合其传播的内容。

一位业内人士指出，一下科技背后就是微博关系链，而且，一直播切的是明星直播内容，对CPU的要求很高。

为了在战略上支持一下科技。在秒拍与美拍竞争最激烈的2014年，新浪微博甚至封杀了美拍分享链接的功能；而一直播诞生之后，立即定位为新浪微博官方直播平台，只要用新浪微博直播就会启动一直播。

在韩坤看来，相比新浪微博各种广告资源以及榜单推荐，一下科技更看重微博在战略上的这种支持。

按照一下科技的发展节奏，高层每年要提出2个大战略，而这些战略都是跟新浪微博商量过的。韩坤在一次采访中表示，一下科技的高层每个星期都会跟新浪微博的高层开会，讨论各种发展策略。

由于产品、资本、战略的高度协同，未来，新浪微博与一下科技的关系将继续处于“蜜月期”。

04

乐海翻腾

独立音乐人**迎来**资本春天

在经历过最坏的时代之后，音乐行业开始复苏。

音乐版权正版化，用户付费，音乐公司纷纷取得融资，音乐节市场、音乐演出市场火热，分众化市场越来越明显，一切都在变得更好。

在这一历史节点，重新被资本青睐的音乐市场发生了许多大事，比如QQ音乐与海洋音乐合并、网易云音乐融资、腾讯入股韩国YG、阿里入股韩国SM、海洋音乐与JYP达成战略合作、摩登天空获得复娱文化投资、野马现场先后获得汪峰和黄晓明的投资等等。

这也是一个独立音乐人们能够更好地养活自己的时代：音乐人越来越受关注，live house重新开张，电音、hip hop变得流行。

但优质内容依然是稀缺资源，音乐的黄金时代究竟还有多远？

丁磊“心头好”被曝估值80亿元，网易云音乐再融资告别“小而美”？

2016年夏，网易云音乐召开了一场新闻发布会，网易云音乐副总裁丁博公布网易云音乐的用户突破2亿人，在2015年同期网易云音乐的用户数量数据为1亿人。

在网易云音乐2015年7月份用户破亿人的发布会上，网易云音乐前高层曾经表示：“从上线发布到用户破亿人，网易云音乐用了2年3个月的时间。对比同类产品来看，酷狗音乐用户突破7500万人用了6年时间，天天动听用户突破7000万人用了4年时间。”1年的时间内，用户增长了1亿人可谓神速。

彼时有媒体报道，网易云音乐正在启动一轮融资，总规模为10亿元左右，投前估值70亿元，投后估值80亿元。

我们在求证了网易云音乐官方之后，确定网易云音乐目前确实在进行独立融资，娱乐资本论问网易云音乐高层：“80亿元是高了还是低了？”他说这个不能表态。

而这个消息发布的几天前，2016年7月12日，腾讯以现金加资产注入的方式获得海洋音乐的控股权。腾讯此次主要是以资产注入的方式进行投资，海洋音乐将获得腾讯旗下QQ音乐的资产。

在线音乐江湖似乎依然随时准备风云再起。

虽然现在还不能确定估值80亿元的金额是否准确，但是这也表明了市场对于这一在线音乐晚来者的态度。对于一家晚了10年的在线音乐公司，网易云音乐到底有什么资格来支撑80亿元左右的估值？

4月启动融资
估值80亿元

根据已经公开的资料，在2016年上半年音乐行业十大融资事件中，最高融资金额为丝芭传媒获得的华人文化基金的10亿元（估值大概50亿元），如果网易云音乐这轮估值确实是80亿元，那么也将重新刷新2016年截至目前音乐行业融资最高金额的纪录。

早在2016年4月，就有消息称网易云音乐已启动首次外部融资，计划引入战略投资者并进一步整合优质资源，这一消息也得到了网易云音乐的确认。

据雷帝网报道，本轮融资中网易云音乐主要选择战略投资方。融资前，网易云音乐归网易全资所有；融资后，网易云音乐向外释放股权的12%~15%，同时最大股东为网易，占股比例超过85%。

根据报道，网易云音乐本轮融资主要用于以下5点：①进军产业链上游，购买版权，尤其是独家版权；②利用现有的用户和大数据优势，扶持独立工作室、艺人并签约，自创版权，在早期以低价方式购入长期独家版权；③针对一二三线城市的学生、白领和中产阶层大力推广产品，将产品推至行业前三；④扩充团队，满足项目以独立公司实体运营的要求；⑤探索智能硬件领域，把握音乐产品的硬件入口。对于这个消息，网易团队不置可否。

另外，作为网易旗下第一个分拆出来进行独立融资的事业部门，网易云音乐的融资还将部分采取财富计划的形式。

有消息称，网易云音乐在杭州低调举办了PE/VC见面会，吸引了包括SMG、海尔创投、红杉资本、南方资本、汇添富基金、建银国际、建银城投、百联创投、海通创投、复星文化、中广文影等20余家机构到场。

网易云音乐是一个浸润着网易集团CEO丁磊爱好的产品，之所以要推出网易云音乐，除了因为丁磊是一个乐迷之外，还因为他觉得目前大量的应用软件都无法解决用户“便捷找好歌”的需求。

网易云音乐的总部设在杭州，坊间流传，只要是丁磊重视的项目，其总部都设在杭州。另外，根据爆料，在网易云音乐上线的3年中，网易仅现金投入就超过10亿元，各项投入预计近20亿元。

活跃在网易云音乐评论区的用户应该经常会看到丁磊的状态，他不仅在上面分享音乐，还会偶尔分享自己的生活动态，如果用户给他提意见，他偶然看到也会反馈给网易云音乐的团队，网易云音乐内部人士说目前在网易云音乐这个产品运营的大战略中，丁磊已经不太参与，但是经常会在细节上给团队提意见，比如某一首外语歌曲的翻译歌词不见了。

与竞争对手相比
网易云音乐并不耀眼

网易云音乐在2016年7月25日发布会上公布的曲库数量为1000万首，相比于其他平台1500万首、2000万首的诱人数据，网易云音乐高层接受采访时说他更看重其所占有曲库的播放率以及有效使用率，他说网易云音乐目前曲库打开率为80%。

同时，在曲库方面，网易云音乐给予各种风格的音乐最大限度上包容，这一高层说目前网易云音乐已经是国内电子音乐人群和二次元音乐人群最大的聚集地，也许你还记得那首一夜走红的神曲《张士超你到底把我家钥匙放在哪里了》，这首歌就是最先在网易云音乐的平台上发酵起来的。

另外，网易云音乐也颇为重视独立音乐，在平台流动间，网易云音乐目前有独立音乐人20万人。

在版权覆盖率方面，第三方咨询机构艾瑞咨询发布了《2016年中国在线音乐行业研究报告》，数据显示，合并后的腾讯新音乐集团覆盖率为90%，排第一；网易云音乐覆盖率为70%，排第二；阿里音乐覆盖率为20%，排第三。

在用户覆盖率方面，比达咨询发布的2016年上半年音乐报告显示，网易云音乐用户覆盖率达30.3%，紧逼QQ音乐和酷狗音乐。

根据移动数据机构Quest Mobile发布的最新中国区Top 1000 APP榜显示，网易云音乐2016年6月的MAU为3495万人，同比增长率高达249.8%，排名TOP 1000实力榜的第68位，排名相比2015年同期上升了97位，在音乐类应用中仅次于酷狗音乐、QQ音乐和酷我音乐，增速也远远高于后几个，酷狗音乐、QQ音乐、酷我音乐的MAU分别同比增长了7.7%、37.8%、45.7%。

但是，网易云音乐的很多数据跟竞争对手相比并不耀眼，甚至谈不上好看。

2016年7月13日，有媒体曝出腾讯已经和海洋音乐签订协议，前者通过现金和资产注入的方式得到海洋音乐的控股权，海洋音乐则得到QQ音乐的有关资产。

海洋音乐集团下囊括了海洋音乐、酷狗音乐和酷我音乐。根据易观智库数据显示，截止到2015年第四季度，仅仅QQ音乐和酷狗音乐的市场占有率就已经分别达到40%和32.4%。也就是说，QQ音乐和海洋音乐结合后，将在市场上形成垄断性优势。

另外公开资料显示，在用户数量方面，QQ音乐用户数已经超过4亿人，日活用户达到1亿人，酷狗音乐加上酷我音乐的总用户量超6.51亿人，日活跃用户数也超过1亿人。而目前，网易云音乐的用户数才刚刚突破2亿人。

社交属性 体现网易云音乐的差异性？

在付费模式方面，网易云音乐的付费模式分为两档，标准包和豪华包，标准包即每月300首下载量，豪华包即每月500首下载量，区别于其他音乐平台单纯以有效期限作为收费标准的付费模式，即付费即可享受一段时期内曲库全部音乐的模式。

版权共享是推进用户付费的基础，网易云音乐某高层认为，太过于激进的收费方式会逼得原有用户出走，所以为了避免牺牲用户量，他们选择“保守”地推进，但同时版权上与新音乐集团保持共享性，与音乐付费大趋势保持一致。

而在付费音乐成为大众共识，各音乐平台也基本达到曲库无差异化之后，真正的对抗也许在于产品的差异化。

“就是喜欢在喝红酒的时候听相声，就是喜欢撸串的时候听交响乐。”网易云音乐某高层这句玩笑话最大限度地表现出了网易云音乐的风格和产品属性，即一切以每一个独立用户的需求为导向。

从产品层面上看，网易云音乐有以下三个特点。

其一，重视社区运营；其二，具有独特的推荐算法，打破传统的位置推荐模式；其三，以1%的最高层级的用户即品鉴者引导剩余99%的用户的音乐取向。

这三个特点相互支持，因为音乐社区氛围强，用户活跃度和黏性高，促进了用户之间的分享，从而使一些音乐KOL能够将个性化的音乐推向广泛的大众用户，而这种独特的信息传递模式，也使得网易云音乐能够打破位置推荐的套路，在最大限度上实现“对的音乐能够被对的人听到”。

在网易云音乐的平台上，一首歌下面经常会有上千条评论，最高评论纪录由周杰伦的《晴天》保持，歌曲下面有近69万条评论。用户习惯边听歌边分享听歌的心情，与共同爱好者相互交流，这种用户习惯也使得用户在网易云音乐上的平均使用时长高于其他平台。

有网易云音乐平台忠实用户说，他在这个平台上最好的体验就是他曾经在一首小众歌曲下面评论，当时这首歌只有他一个人评论，几年后另外一个人发现了这首歌，于是发现了他的评论，两个人还添加为好友，对于用户而言这种惊喜的体验恐怕比只是下载听歌的体验好太多。网易云音乐这一产品发布于2013年，很多人说过了3年，网易云音乐的整体变化不大，这位不愿具名的网易音乐某高层承认，他说云音乐升级改进主要体现在细节上，在其他在线音乐平台纷纷开辟直播频道、加入粉丝经济大潮的时候，网易云音乐的“保守”对于其内容沉淀以及用户习惯养成也颇有贡献。

不过“成也萧何败也萧何”，网易云音乐的产品虽好，却也有局限性，对于音乐重度用户来说，网易云音乐的8000万首歌的歌单无疑颇有价值，而对于音乐需求不那么强烈，觉得音乐APP只是一个听歌工具的一般用户来说，歌单反而成为一种累赘，他们会选择更为便捷的其他音乐平台。

甚至网易云音乐最为人称道的强社交属性也成为一种多余，有投资人就“略有不服”：“毕竟我已经过了需要音乐社交的年纪。”

除了背后有钱的“爸爸”，
在线音乐平台到底在拼什么？

“音乐已经不再是创业者玩儿的游戏，几百万美元连起步都不够。”网易云音乐离职高管在一次采访中这么评价这个行业。

现在大的在线音乐平台背后都有一个有钱的“爸爸”，海洋音乐背后有腾讯，网易云音乐背后有丁磊……然而，虽然有有钱的“爸爸”，但在线音乐无论如何都绕不开版权问题。

腾讯的QQ音乐几乎是不计成本地“买买买”：已经跟华纳、索尼、YG、LOEN、CUBE、JVR、福茂、英皇、华谊等20多家唱片公司和QQ音乐签订了独家合约，还联合腾讯视频一起拿下了《中国好声音》第四季的独家版权。

2015年3月宣布虾米和天天音乐合并后，阿里巴巴和德国贝塔斯曼集团旗下的音乐业务子公司BMG签订了一项协议。该协议授权阿里巴巴成为BMG音乐及艺术家在中国市场的独家在线分销商，获得了BMG近250万首曲目的授权。此前，阿里巴巴也和中国台湾两家唱片公司滚石和华研国际音乐达成了类似的授权协议。

而网易云音乐被曝出融资的目的之一就是为了购买版权，尤其是独家版权；另外，还将利用现有的用户和大数据优势，扶持独立工作室、艺人并签约，自创版权，在早期以低价方式购入长期独家版权。

在线音乐市场看上去风平浪静，但是腾讯、阿里、网易三家的角逐却一直聚焦在版权方面，一旦一方形成版权寡头，这个市场将打破平衡，向着糟糕的方向发展。

不过目前来看，事情不会出现糟糕走向，一方面有唱片公司对于在线音乐平台的掣肘，避免在线音乐平台出现垄断局面，另外一方面，其实市场够大，任何一家平台都不具备独吞市场的“胃口”，而目前除了阿里音乐玩法比较任性，曲库不与外人合作之外，其他家基本上是开放的姿态，个别爆款音乐的版权除外，比如当初《太阳的后裔》热播，海洋音乐拿到了《太阳的后裔》OST的独家版权，再比如百度音乐拿到王菲新单曲的独家版权。

我们曾撰文分析过，Pandora2016年4月公布的Q1财报显示，虽然营收同比增长，但净亏损4830万美元，同比亏损扩大。估值达85亿美元的音乐流媒体界的老大Spotify的IPO进程一再延宕。华尔街对于流媒体的变现能力似乎已经失望了。

但最新消息显示，Spotify将于2017年再次冲击IPO，一旦Spotify上市成功，对于全球音乐产业的信心将是一次强有力的提振，届时，国内音乐流媒体的估值也将会再上一个台阶。

资本市场对于音乐流媒体的评估模型十分复杂，但是大体上依然是从版权数量、收入、用户量和使用频率等几个维度进行，

Spotify用户为800万人，但其估值已达80亿美元，当然Spotify“出生”于美国，有着天然的全球性产品的属性优势。

国内资本层面对于音乐行业的认知并不成熟，另外一家投资机构也表示，对于音乐初期项目的估值他们基本上是一拍脑门就决定了。

中国电音“爆发前夜”：音乐节扎堆，夜店汹涌，但这场革命没有“崔健”

不停歇的节奏，灯光肆意，舞台上的DJ高喊着“put your f***ing hands up”“make some noise”，舞台前方的观众高举着手，仰着头，等待着被旋律操纵，被节奏洗脑，跳入音乐的陷阱，一起高潮，这是一群party animals。

远处VIP区域的卡座里坐着男男女女，灯光闪着他们的脸，忽明忽暗，旁边站着的保安在抖腿，一些来看热闹的大妈们摇摆着广场舞的动作和舞步，这是乐杜鹃音乐节成都站上的一幕，重重的鼓点敲打着，几乎和心脏的跳动速度重合，多巴胺和肾上腺素不停地被激发，节奏容易让人“高潮”。

如果说“你在南方的艳阳里大雪纷飞，我在北方的寒夜里四季如春”激发的是听众的心理反应，那么电音敲打心脏的节奏激发的则是生理反应，不需要思考，一味狂欢。

2016年，国内的电音音乐节市场呈现爆发的状态，很多人都说看到了电子乐走向主流的预兆。

许多电音音乐节主办方都相继取得融资，主办方们也寻求与电竞游戏产业的结合，为音乐节拉人气，另外，各地方政府对于文化娱乐类项目的政策也更加开放，电音音乐节颇受欢迎。

那么在资本和政策的双重利好下，电音市场和电音音乐节市场能顺利迎来商业高潮吗？

碰撞、先锋和多巴胺

电音在美国的起源，与黑皮肤的人和同性恋的生存状况密切相关，20世纪二三十年代美国经历经济大萧条，在底特律等一些工业城市，因为无所事事，人们就喜欢喝酒、跳舞、听音乐，那个时候，一些地下同性恋俱乐部开始来到“地面之上”。

在中国，电子乐开始在地下萌芽是在20世纪八九十年代，在那个中国摇滚乐经历“剧烈燃烧又快速熄灭”的时期，电子乐偏安一隅，在北京的几个迪厅、酒吧、俱乐部中独自狂欢。

“那是电子乐最好的年代，那个时候，我们经常去北京杰杰（酒吧）、滚石（酒吧）跳舞，当时在88号俱乐部混迹的都是大明星，卡座里坐的是王菲啊，我当年在那里认识了好多大哥。”耀乐团团长兼DJ王璐笑着说。

如今，北京电音人群已经换了聚集地。“现在北京最潮的年轻人都在DADA（酒吧）和灯笼（酒吧），DADA每周五都有演出，你可以去看看，最好带一个朋友。”王璐建议。

DADA的世界是什么样的？

进去里面，吧台、桌上足球的台子就在昏黄的灯光下摆着，两个外国男生在打桌球，点完酒往左侧转，就进入更暗的空间，这里是DJ表演的地方，晚上11点就有DJ开始热场了，吧员说等过了凌晨1点，会有外国DJ来演出，他指了指墙上的黑人DJ海报。

晚上12点，电音酒吧才能真正high起来，在这之前，大家零零散散地坐着翻手机，凭借着手机屏幕反射的光才能让人看清手机主人的脸。

两个玩桌球的外国男生找了两个中国女孩当同伴玩起来，12点快到了，DJ加快了电音的节奏，一声刺耳的鸣笛声惊起了大家的注意，外面喝酒的人都跑了进来，party真正开始了。

事实上，电音涌入中国和摇滚乐差不多是在一个时期，但是因为电音具有一定程度上的避世性，它不像摇滚那样带有强烈的政治符号或者政治诉求，因此一直以来“明哲保身”，更加自我。

电音的流行和广泛传播和夜店文化、club文化密切相关，夜店和club之于电音就好像live house之于摇滚乐和民谣。

缺少崔健式的领军人物，电音还没迎来黄金时代

几年前，你可能只听过*Red Lights*，却不知道Tiesto是谁，而如

今我们甚至可以在国内电音音乐节上看到他。

就像民谣艺人们频繁赶场各种音乐节一样，世界百大DJ也开始在来中国跑穴，比如天漠音乐节请来了英国Example和以一首*Faded*爆红全世界的电音天才Alan Walker，乐杜鹃请来了Danny Avila、W&W，风暴音乐节请来美乐坛的“肉男”Flo Rida、DJ王子Kaskade、荷兰电音新生代Dannic、人气新星Oliver Heldens以及2015年百大DJ排名第二的Hardwell，等等。

这些DJ虽然也不便宜，“但是跟国内歌手、组合的价格相比还是便宜多了”。

但是国内却没有出名的DJ出现。

“说到底是因为国内电音没有一个崔健那样的领军人物。”王璐直言。

“DJ很多，做DJ很容易，混个夜店很容易，好DJ却没几个。”麦爱文化CEO宋乙也这么说。

电音不只是EDM，还有trap、house等各种分支，对于深度乐迷来说，一个好的DJ也不只是会打碟，做一个好的DJ需要有深度音乐素养和良好的音乐审美。“现在电子设备越来越智能，他可能一个下午就能学会如何切歌换歌，但是一个好DJ不只是得做这些，他还需要听过几万张专辑，几十万首歌，他得了解起承转合，能够引导乐迷的情绪。”宋乙说。

一般国内音乐节和世界百大DJ合作都是通过Booking Agency进行的，但是依然存在很大程度上的不确定性，而且出场费极高，在这种情况下，国内这些电音音乐公司想要稳定的艺人和降低成本，就得培养签约自己的艺人。

目前，太过于依赖国外大牌就是国内电音音乐节的弊病之一“我们没有自己的名DJ”，宋乙说，而一定程度上没有出现像周杰伦、李宇春那样的巨星也是电音市场依然不是主流的表现之一。

“我们的DJ包装也确实不如欧美”，国内DJ更像是一种职业，需要考取DJ证，在夜店打打碟，但是“没有一个是用艺人的包装手法来运作的”，所以王璐坚持做自己的耀乐团，推广流行电音音乐。

DJ艺人市场是一片蓝海，“我们要抓紧这个时期，做中国自己的原创电音，在未来2年里一定会有电音明星从我们乐杜鹃里诞生”，乐杜鹃联合创始人吕小锋说。

“我们更愿意找一个可能什么都不太懂的年轻人或是有潜力的电音爱好者，培训他，包装他”，宋乙说。

另外乐杜鹃还想要和网易云音乐联合推出一个中国百大DJ的榜单。

也许要等到真的出现了一个天王级DJ巨星的时候，国内电子音乐才能真正迎来它的黄金时代。

不过，虽然国内电音领域没有崔健那样的领军人物，但是“老炮儿”却有不少。

倪兵就是其中之一，他是《锐厉舞志》的创办人、知名DJ，曾经创办了国内最早的电子乐节目之一《Digital Dream》，并以《Future Mix》为名举办一系列有影响的party和电台节目，有人称他是国内电子音乐教父。

他在接受我们的采访时就表示：“电音市场假大空，音乐节市场正在被资本破坏，我在继续做不赚钱但是自己喜欢的各种地下派对。”

小圈子
不想成为主流，但还是有人青睐

所以电音音乐节市场的爆发可能只是一种错觉，作为一种相对亚文化、小众的音乐流派，电子乐乐迷们一定程度上并不想走向主流，他们就像二次元人群那样，小心翼翼地维护着圈子的纯粹性。

王璐告诉我们，“就好比当陈绮贞走红了，之前喜欢她的人就不再喜欢了”，希望被喜欢和不希望被更多人喜欢是一种悖论，放在电子乐身上，这种悖论也恰恰是国内电音受众依然小众，电音市场还未成熟的表现。

所以电音音乐节一时的热潮也许是国内音乐节同质化市场寻求突破的结果。

不过，电音发展是这个时代的必然产物，是科技发展的必然结果，而电音的发展史也是一部科技进步史。

纵观音乐史和乐器发展史，可以将其大略划分为三个阶段。

“1.0时代的乐器是靠物理共振发声，2.0时代是拾音器识别共振产生了模拟音色，到现在是3.0时代，电子音乐抛弃了共振，使得乐器的音色拥有了无限的想象空间。”宋乙总结道。

“电子编曲是最复杂的，对技术要求最高的。”曾是音乐人的吕小锋也有类似的看法，他说，古典音乐讲究对称美，作曲需要按照一定的规则，但是随着音乐发展，摇滚乐与流行音乐打破了之前音乐的套路，又陷入自己的套路，而电子音乐最大的不同就是将之前所有的规则全部打破，打破对称，随时可以变化。

电音也极大地丰富了声音的种类，在这种情况下，大部分音乐人会放弃传统乐器，直接用电子设备编曲，“不插电”逐渐稀少。

国内电音市场的火爆是因为电音爱好者有更强的消费能力和消费意愿。

“最开始听电音的都是些富二代，他们经常搞聚会，搞party。”乐杜鹃音乐节创始人邱枫说，“我们的VIP座位几万元一个还是有人买。”

酒精和电音是最佳伴侣，夜店和club的盈利状况相比于盈利状况不佳的live house来说也好很多，其中酒水消费带来的收入是一个重要原因。

据说在网易云音乐上，50%的歌单都是电音歌单，而我们经常可以听到一首流行音乐的电音remix版。“Rihanna一直是R&B风格，她现在的作品也越来越电音化了。”王璐说。

“未来的音乐市场是分众化的市场，电音不需要成为主流。”王璐言之凿凿。

有数据显示，2016年国内电子音乐节有30多场，如果按照2015年音乐节数量来衡量，这占据了整个音乐节市场的近1/4。

不得不说，摩登天空成功融资，给了众多音乐公司以极强的信心，而摩登天空逐渐清晰的商业布局也几乎成了这个行业新的模板。

据了解，乐杜鹃就想要做一个电音版的摩登天空，从上游签约艺人，音乐版权到线下音乐节，再到线上产品，方方面面都会涉及，构建一个以电音为中心，同时连接电竞、游戏的产业链。

而他们构建产业链的想法深得政府的欢心。

以乐杜鹃音乐节第二站举办的城市成都为例，乐杜鹃的产业园落户在成都市青羊区，青羊区政府对这个项目十分重视，当晚，青羊区官员也在现场，谈到对于这个项目的支持，他并没有太多疑虑，他说“最看重的他们的产业链，这个对于我们来说是很有意义的”，大多时候，很多音乐节在地方举办完一届音乐节之后就跑了，没给当地政府留下什么有价值的资产，而产业链的构建则打消了政府的顾虑。

而对于电音文化的问题，青羊区官员也并不避讳，“文化是多元的”。

吕小锋透露：“当年力挺崔健的那波人现在开始在体制内做决策、起作用了，没想到我们迎来了政策最好的时候。”

地方政府对于音乐行业的重视力度也在加强，麦爱文化2016年秋在厦门举办的电厂荧光沙滩音乐节同样获得了厦门市政府的支持。

05

综艺万花筒

真人秀的
冰与火
之歌

2016年，综艺市场依旧遵循“唯二”理论。

现象级节目商业价值高，其他普通节目基本不赚钱，亏钱的不少，因对赌失败克扣应付款的也很多。

以户外真人秀领域为例，收视率第一的《奔跑吧兄弟》渐陷疲软，《极限挑战》第二季口碑坚挺。

但同样投入巨大的《挑战者联盟》《全员加速中》《我们的挑战》就不那么幸运了。前者因剧情老套，后两者因中国市场土壤不够，团队搭建等原因成绩不如预期，目测都不会再有下一季。

至于新节目《24小时》《非凡搭档》能否第二季有待进一步考验，而第四季度因“限韩令”的到来，有韩国团队主导或参与的《来吧说做就做》《我们的挑战》屡遭延播。

我们曾报道过2017年各大卫视招商会上30%都是PPT节目，总的来说，如今综艺市场的主要痛点在于，第一，实体经济下行招商情况不好。第二，因广电总局不通过、没牌照、“限韩令”等原因阉割节目内容。

值得一提的是，从团队来说，大批电视台出身的知名制片人如原三届春晚总导演哈文，《爸爸去哪儿》导演谢涤葵，《奔跑吧兄弟》导演岑俊义，《花儿与少年》导演廖科等纷纷出来创业掘金，除了受资本热捧，他们也在接受各种挑战。

有人正在憋大招，有人要从接活儿转为自己掌握IP，有人要跨界尝试不同题材的节目，如马东带领米未继《奇葩说》后做了户外真人秀《拜拜啦肉肉》等。总的来说，各家公司都必须保持并发扬自己的核心竞争力，同时丰富和扩展商业模式。

业内制作公司的生存现状也是冰火两重天，有的公司被项目拖累面临倒闭风波，有的公司如灿星一般在音乐上立足后，力争在脱口秀、户外真人秀上全面开花，而像米未、欢乐传媒这样的公司，2017年都在节目的基础上布局电影、投资公司等新业务。“一鱼多吃”“资源共享”“协同效应”成为它们的生存法宝。

娃哈哈等冠名的10档综艺被拦腰斩，综艺赞助频现困境

饮料、手机、美妆、汽车，这四样在近几年几乎占满了综艺节目的冠名市场。

没想到，2016年的综艺市场却进入了三缺一的时代——饮料厂商过度出击综艺营销，但未能挽救市场下滑的颓势。

下面举一些例子吧。

娃哈哈被认为靠精准、有效的组合式营销手法，迅速走向销量神坛，2013年营业收入达到惊人的780亿元。但“2016年中国民营企业500强”榜单显示娃哈哈营业收入为494亿元，3年之内几近腰斩。与不断下滑的营业收入相反，娃哈哈在综艺领域不断出击，先后冠名了《十三亿分贝》《闪亮的爸爸》等多档节目。

如果娃哈哈不够典型，那么我们来看一看RIO鸡尾酒，这家

因冠名综艺节目《奔跑吧兄弟》而名声大噪的饮料，一战成名之后更是四处出击，短短2年之内竟和《天天向上》《非诚勿扰》等多档综艺节目发生关系，但是惊人的广告费并没有换来喜人的成绩，最新中期年度报告显示，其营收为4.2亿元，同比下降75.14%。

同样遭遇边赞助边亏损的尴尬的还有汇源、统一和康师傅等饮料企业，它们都在最新的中期年度报告中显示不同程度的亏损。

至于两个行业老大哥，伊利的财报显示，2016年第一季度净利润为15.54亿元，同比增长率回落0.9个百分点。蒙牛乳业情况更为糟糕，2016年中期年度报告显示净利为11.84亿元，同比减少17.33%。

那么问题来了，为什么这么多赞助综艺的饮料企业反而出现亏损呢？换句话说，难道综艺营销对提振饮料行业起不了作用？

“饮料集体销量下降和整体的市场环境有很大关系，整个市场销量开始下滑、竞品增多、明星产品乏力。”一位饮料行业人士指出，饮品类饮料企业和其他商品的不同之处在于极度依赖线下渠道，综艺营销做得好不好跟销量关系不大。

“娃哈哈的营养快线现在就是市场疲软，跟冠不冠名《十三亿分贝》关系不大，何况综艺节目更适合推广新形象、新品牌，我都不太明白营养快线的冠名诉求是什么？”一位圈内人士表示。

如果说以上是个例的话，那饮料行业冠名效果的整体下滑，其原因又是什么呢？

娃哈哈

暴跌226亿元，大手笔综艺赞助没成效？

宗庆后可能是让所有创业者都羡慕的一个对象，从负债经营到行业第一，再到每年百亿元级的营收，他开创了一段历史。

但根据“2016中国民营企业500强”榜单，娃哈哈营业收入为494亿元，相比于2015年的720亿元，下降高达三成。

与两个数据同时下滑相反，娃哈哈在综艺营销上逆势上扬，据不完全统计，2016年至今，娃哈哈仅冠名播出的节目就达到2个，其中不乏《十三亿分贝》这样大体量的网综，远高于之前任何一年。

“这几年营收不太理想，营养快线成为一枝独秀，其他再也没有明星单品，集团也在原来校园线下推广模式的基础上，做一些综艺营销，2016年提供赞助的产品有些是新品，期望能快速打开市场。”娃哈哈一位内部员工告诉我们，《闪亮的爸爸》的爱迪生酸奶、《十三亿分贝》的营养快线都是集团主推的产品。

但很明显，即使增加了综艺营销也没能扭转营收不断下跌的趋势，娃哈哈整体的营收逐年下降，与其同行的RIO、汇源、统一、康师傅、蒙牛一样，开始出现边赞助边下跌模式。

饮料
集体式困境

最典型的莫过于RIO鸡尾酒，其在2014年曾经因为赞助《奔跑吧兄弟》家喻户晓，在中国成功打开鸡尾酒市场，一度成为中国鸡尾酒市场的绝对垄断者。

有行业分析师表示，2015年RIO在预调酒行业的市场占有率达到40%左右，加上百加得冰锐，这两大品牌合计市占率在60%~70%。而RIO的母公司百润股份也在资本市场上备受追捧，自2014年9月发布收购RIO预案后，百润股份的股价就从不到20元一度涨至上百元。

初尝甜头的RIO鸡尾酒开始四处出击，已经冠名了接近10档综艺，其中有多部现象级或者准现象级栏目，2015年年报显示广告赞助费用已经高达3.3亿元，占其当年营收23.51亿元的14%；这一比例在2016半年报中再一次被提升，2016年上半年广告费达到1.54亿元，占2016年上半年营收4.19亿元的36.75%。

与之相似的是汇源、统一、康师傅、蒙牛等饮料行业企业2016年都在综艺上有所企图，分别以冠名或者其他的形式寻求合作，但半年报出来的成绩都是一字排开的下跌，无一幸免。

“除去个别产品竞品多，竞争压力大外，销量的集体下跌应该和整体的大环境有关系，这2年饮料行业整体市场都不好。”一位经销商告诉我们，作为一线的经销商，在底层渠道销售的他们对饮料行业进入“寒冬”感受尤为深切。

根据国家统计局数据，2015年前三季度，全国软饮料销售量约为1.3亿吨，同比增长仅4%。2014年，这一数据增长率为13%。而在2001—2011年，全国软饮料销售量的年平均增长率曾超过20%，这结结实实地反映出行业的集体困境。

高价格、轻叙事、重分销，导致综艺营销效果打折扣

那除去行业整体环境不好和竞品多等原因之外，频繁的综艺营销不能为饮料行业带来增长希望吗？

“饮料行业有一定的特殊性，如果规模化营销，需要渠道层层下沉，但是新的节目、普通节目都不具备这样的功能，反而是《快乐大本营》《非诚勿扰》和一些头部内容会好一点。”视频营销从业者刘明（化名）告诉我们，很显然这些企业中除了RIO可以称得上是综艺营销之外，娃哈哈、康师傅等在这方面做得根本不好，没有抢到一些头部资源，对销量的影响微乎其微。

营销界资深人士、优睿传媒创始人于文浩则认为：“之前以小博大获得过成功，就继续简单复制这个模式一定不灵。因为市场变化太大，竞品围追堵截，一个产品的成熟阶段是该利用内容打造品牌核心价值了，但综艺没有‘故事叙事’的功能，很难完成功能解读、提高品牌认知度这样的任务。”

在于文浩看来，RIO其实做了不少栏目植入，可惜还是停留在口播、道具使用、创意表现等这些不涉及品牌内容创建的层面，许多品牌更是只把赞助栏目的作用等同于硬广。“多数栏目不会

为赞助商做商务脚本，叙事和情感效果堪忧。”

“其实综艺营销对销量的提升作用不能被放大，一些新的季播节目基本上没什么影响力，1个点左右播12期能有什么影响？最终还是要落到电视台或网站配上许多硬广资源。”刘明认为饮料类营销效果最好的还是硬广资源，这也解释了为什么这些企业在硬广上分配的资源会比软广多很多。

我们也对综艺营销效果有些质疑，因为节目贵、数据假已经成为行业常态，导致分摊成本大，总体效果不一定比前2年强，现在经济形势不好，广告商也变得理性了一些，需要把钱用在刀刃上。

“从我们了解到的数据来看，化妆品和电商类的综艺营销效果会好一点，赞助综艺这类大众娱乐节目能够帮助电商在短时间内获取规模化用户，后台数据都会十分明显；化妆品也会有不错的效果，一是国产化妆品处于高速增长状态，是2015年快消品中增长最快的品类，二是人群十分匹配，三是爆款节目非常有利于增强经销商对产品的信心，每年大的订货会上都能有很好的变现。”剧星传媒刘滢滢表示，作为一家互联网视频整合营销的公司，他们也注意到一些细节。

不过乐正传媒研发与咨询总监彭侃则表示，近年来，明星酬劳已逐渐超过综艺节目制作成本的3/4，“他们才是高价冠名综艺里的最大受益者”。

综艺行业中小型公司大洗牌：“裸奔”、转行、租不起房

“现在大家的生意挺不好做的，很多综艺公司转型得不好，可能就没了。”

如果不是好几个月没有接到项目整包的活，可能这位做了十几年的资深制片人不会说出以上的话。

安徽卫视一档喜剧类脱口秀节目《来了就笑吧》冠名“裸奔”，引起了我们的注意。虽说安徽卫视整体排名有所提升，节目也不乏人气嘉宾，但最后播了9期依旧没有金主跟进。据了解，这个项目投资近5000万元，它背后的制作公司世熙传媒继《音乐大师课》第一季后，再次“裸奔”。同时，该公司的副总裁谢镇鸿也被曝离职，现已加盟360影视担任副总裁。

作为一家以模式起家的老牌制作公司，世熙从2006年开始转型做节目，10年来积累了不少电视台资源，但一直没做出什么代表作。令人忧伤的是，随着制播分离的发展和成熟，平台不再是公司赖以生存的资源，反而让这些中小型公司承担了更大的风险。而整个行业背后，很多公司或多或少存在盈利模式单一，明星资源、广告资源薄弱，没有核心竞争力，不擅长有效整合资源等问题。

因此，一不小心成了炮灰、被动转型、转型失败的中小型综

艺公司，其实一抓一大把。

还记得大明湖畔的元纯传媒吗？这家公司成立于2003年，原本在纪录片领域发展较好。但2015年以来，它大举进军综艺市场，先是因北京卫视的《造梦者》收视率达不到对赌而赔了不少钱。后来，该司又接到一档大型户外节目《星厨集结号》，但因为运营不到位，还没播出就夭折了。经调查，这家公司目前转型做起了网络剧。

甚至，我们还听说有某家制作过山东卫视的节目的公司，近期已经因付不起房租，从东三环搬到了远在东六环的同行处“借住”。

据不完全统计，现在市面上已经积累了几千家制作公司。但包括几十家省级卫视、六大视频网站在内，总共也只有几十家平台能接纳它们。也就是说，大家处在僧多粥少、集体混战的局面。更何况，现在电视台为了图省事，恨不得让社会公司加资本、找广告、拼模式、堆制作、抢明星、拱营销，几乎所有环节都由社会公司包办，而它们只想靠着出租频道资源变现。

但就算在这种局面下，仍有大量新公司“挟资本以令诸侯”，将中小型公司封杀殆尽：没有冠名没关系，欢乐传媒就先以《欢乐喜剧人1》的“裸奔”换来了欢乐系综艺的全面开花；没有制作没关系，蓝色火焰就能通过兼并团队（挖角韩国PD金荣希等）来插足湖南、北京等大卫视；没有资金更没关系，谢涤葵、易骅、岑俊义等团队都早已被资本盯上，估出了体制内不敢想的天价……

或许我们真应好好停下来思考，究竟什么样的公司会面临出局？什么样的公司能成功上位？哪些综艺公司值得投资，未来是否会出现一些龙头企业?

哪些小船变巨轮?

搭上资本的快车道就能扬帆起航?

首先，不管是电视台或视频网站，都大有疯狂圈地的迹象。通过分析这些抢手的公司，我们发现，现在从小船变巨轮，顺利扬帆起航的公司，都是掌握了独特的核心竞争力，以此撬动其他资源、开拓其他盈利模式的公司，主要分为四类。

(1)以平台为驱动力。

这里分为两种情况，第一种以灿星制作、远景影视为代表，都是脱离了体制的制作团队出来创业后，连续生产出现象级IP的公司。不仅获得了资本的青睐，同时也都在触电网综。第二种以浙江卫视的蓝巨星、东方卫视的东方娱乐传媒为代表，是从属于体制、又从体制内衍生出来的社会公司，除了做网络综艺节目，后者还公布了与爱奇艺合作电影、网络剧的计划。

制作公司	背后团队来源	代表人物、代表作	目前合作平台、作品
远景影视	江苏卫视	王培杰《非诚勿扰》团队	江苏卫视《最强大脑》，东方卫视《四大名助》，优酷土豆《美女与极客》
灿星制作	东方卫视	东方卫视田明、金磊团队	浙江卫视《中国好声音》，江苏卫视《蒙面歌王》，中央一套《了不起的挑战》，爱奇艺《预备唱》

续表

制作公司	背后团队来源	代表人物、代表作	目前合作平台、作品
蓝巨星传媒	浙江卫视	《奔跑吧兄弟》总监制余杭英	腾讯视频《拜托了衣橱》
东方娱乐传媒	东方卫视	《花样姐姐》制片人李文妤	腾讯视频《放开我北鼻》，爱奇艺1~2个网综、合作电影、网络剧等项目

（2）以上市公司、广告公司、客户资源为驱动力。

以千足传媒为例，在被上市公司上海新文化100%收购后，溢价150倍。据观察，现在在网络综艺这个领域里，千足的《拜托了冰箱》成绩不错，但还是缺少一档现象级的电视综艺。所以接下来，它与江苏卫视合作的《战斗吧男神》、与东方卫视合作的《加油美少女》，应该都会朝这个方向发力。

制作公司	背后团队来源	代表人物、代表作	目前合作平台、作品
千足传媒	上海新文化	北京卫视《二胎时代》 腾讯视频《拜托了冰箱》	江苏卫视《战斗吧男神》，东方卫视《加油美少女》
星驰传媒	引力传媒	浙江卫视《奔跑吧兄弟》（后期）	腾讯视频《请你跟我这样zuo》
蓝色火焰	华录百纳	北京卫视《最美和声》	北京卫视《跨界歌王》
合宝娱乐	广东省广告集团	浙江卫视《一路上有你》 江苏卫视《真心英雄》	浙江卫视《一路上有你2》，江苏卫视《大家益起来》
天映传媒	华策影视	浙江卫视《爽食行天下》	浙江卫视《谁是大歌神》

（3）从纯制作段切入。

即凭借以往的现象级代表作或制作实力撬动其他资源，以谢涤葵、易骅、岑俊义等为代表。

制作公司	代表人物	代表作品	目前合作平台、作品
米未传媒	马东	爱奇艺《奇葩说》	腾讯视频《饭局的诱惑》，优酷土豆《拜拜啦肉肉》
皙悦传媒	谢涤葵	湖南卫视《爸爸去哪儿》	腾讯视频《约吧大明星》，江苏卫视《战斗吧男神》
日月星光传媒	易骅	深圳卫视《极速前进》	江苏卫视《非凡搭档》，腾讯视频《RUN!》

（四）以明星资源为驱动力。

现在不少经纪公司往往以提供艺人资源为主要方式，切入这块市场。像蓝天下，一开始通过与英皇合作《十二道锋味》，以1亿多元的投入，获得了近5亿元的广告收入。在打响名气、积攒口碑后，又成功撬动其他艺人资源，打造出《来吧冠军》，公司定位就是“做垂直领域的爆款”。

经纪公司	参与节目
华谊兄弟	《奔跑吧兄弟》出品方提供艺人
英星娱乐	为谢霆锋定制《十二道锋味》
陈坤东申童画	浙江卫视《24小时》
周迅工作室	浙江卫视《西游奇遇记》

总的来说，综艺市场的核心资源主要集中在明星资源、广告资源或制作实力等方面。

值得注意的是，几乎所有想打造综合性公司的人，都在试图摆脱“主要依赖广告客户活下去”的方式，在有意识地建设其他商业模式，如灿星制作发展了自己的经纪公司——梦想强音；东方卫视打造出自己的全媒体内容提供平台后，已经把触角触及网络剧、电影等热门领域。用业内某资深人士的话说，“这就是审时度势，顺风而上啊，因为最后的结果还是上市，这是为自己规避风险的方式，也是企业成长的最大的加速器”。

为什么 部分制作公司的小船说翻就翻？

越来越多影视公司、广告公司、艺人经纪公司，都在通过收购、投资优质的制作公司等方式进入这个市场。这带来的直接结果是，拉高综艺制作的门槛，提高市场集中度，同时加速淘汰一批没特色、没实力、没背景的中小型公司。

目前正在创业的资深导演、亚歌文化副总裁唐健告诉我们：“现在随便做一档小成本的素人类节目，没有任何明星参与，投入都可能高达上千万元。”而这一点，不少小公司深有体会，“除了你们看得见的硬成本，还有给员工发的工资、办的保险及公积金、办公室租赁的费用、水电费等等，很多时候甚至连卫生纸、垃圾袋都要算得一清二楚”。

“没有强大的、足够的流动资金，往往是最让公司头痛的事儿。”在资深制片人小A看来，“很多公司本质就是一个小团队，擅长的领域往往比较单一。但现在很多项目，必须要加入更适合的导演或团队，或者要买一些好一点、贵一点的道具什么的。如果事先没计划好，或者你花不起这笔钱，你就没法加强团队力量，最后的效果肯定大打折扣。这会让公司进入一个不太好的循环。”

“被拖款也往往是压倒公司的最后一根稻草。”据某电视台广告中心员工透露，“只要是稍微大一点的平台，不管是电视台还是视频网站，被拖款是常有的事儿。”以电视台为例，作为国有企业审批流程相对复杂、烦琐，可能你赔钱做了节目后，会很久都拿不到钱。有一个非常励志的例子，欢乐传媒做《欢乐喜剧人》时，第一季没有冠名赔了钱但积累了口碑，到了第二季，全面爆发，对东方卫视、欢乐传媒而言是双赢的效果。但你要知道，并不是所有的企业都能有这么多资金撑腰。

“如果你选择先赔钱做节目，寄希望于播出时吸引到广告商，是非常危险的事儿。运气不好的话，很可能连维持公司的日常运转都保证不了。”某业内专家这样表示。

那中小型公司究竟该怎么转型呢?

我们认为，在资本的促进下，未来综艺节目市场将出现比较明显的整合趋势，表现为广告公司入股制作公司，影视上市公司收购制作公司、广告公司、营销公司等。除广告收益外，电视综艺节目更大的想象空间在于版权的运营，变内容产品为版权资源，围绕一个创新版权资源开发包括电影、动漫、出版物、新媒体等多种产品，延伸产业链。能全产业、跨领域运营综艺节目的企业或将成为市场的领军者；而中小型企业则需要在产业链条上找准自己的位置，才能不被市场抛弃。

此前，华策副总裁、负责综艺的杜昉曾公开表示，在整个综艺节目制作工业化过程中必须有公司操作，比如专职摄像的、后期的，甚至是包装的公司，只要有实力就能活得很好。而在综艺版权资源的创造、开发、整合与营销过程中，也将有一批专业公司脱颖而出。

06

动漫崛起

突破次元壁 从影漫联动开始

2016年年初，各大视频网站相继宣布进入日本动画市场，通过输出IP与资金，与日本优秀的导演和制作公司合制中国动画。爱奇艺的《龙心战纪》、优酷的《侍灵演武》、腾讯的《从前有座灵剑山》等通过中日合制模式生产出来的动画作品，都在市场上获得不错反响。

除了中日合制动画促进了国漫市场的发展，中国本土制作的动画也有了更多水花，比如腾讯的《狐妖小红娘》、若森数字《画江湖》系列作品。《画江湖之不良人》等动画改编真人剧，也为二次元市场与其他娱乐领域联动打开了新大门。动画改编影视剧成为一股新潮，《王牌御史》《画江湖之岚侠》《镇魂街》等都将进行真人影视化改编。

与动画持平发展的，还有中国本土的漫画作品。漫画IP版权因为成本低、题材可塑性强而获得资本市场的青睐。2016年，大量经过多年连载以及当下爆红的漫画作品版权都被影视公司买下，诸多漫画已经进入真人剧的改编阶段。2017年，漫画改编作品将在网络剧、电视剧以及电影领域占有重要市场份额。

随着《火影忍者》等舞台剧的引进以及古风等音乐节的举办，二次元市场越来越活跃。2015年曾被称为二次元觉醒元年，那么2016年则让二次元不再是小众的代名词。经过一年时间的发展，二次元的受众群体不断在扩大，并在不断向主流市场靠拢。随着国漫的快速发展和被重视，以及下游产业的不断拓展，中国的二次元市场将被全面打开。

网文IP被爆炒之后，漫画IP成为下一个风口？

未来5年，IP风口上的主角会是谁？漫画可能会是诸多竞标者中略占优势的那一位。

2006年的“禁外令”是中国动漫发展史上的一个分水岭。事实上，从那时开始，才真正有了日漫和国漫这一区分的说法。2006年之前，中国市场以日漫为主，80后、90后的受众也是在日漫的影响下长大；2006年之后，海外漫画引进受到限制，中国本土漫画开始逐步兴起。

我们在跟多位业内人士交流之后发现，他们对国漫市场的发展都有着共同的看法。2006年之前，《海贼王》《火影忍者》等一批漫画被引进中国，这些漫画在2010—2012年呈现爆发的态势。

也就是说，漫画的发展有着长达数年的潜伏期。按照这样的发展进程，2006年左右兴起的国漫作品，爆发期将在2018—2020年到来。

当下，网文改编影视剧逐渐不再受到主流受众的青睐，漫画IP因版权费用低、用户黏性高开始成为资本市场的宠儿，另外由于动画成本高、产能低，而真人剧市场产业链成熟，转化率高，因此后者成了漫改的更好选择。

快乐工场、翻翻动漫、磨铁娱乐等行业内不同领域的公司都意识到漫画改编真人剧的价值和市场所在，并已经有所布局。

漫画IP
成真人影视剧改编香饽饽

《画江湖之不良人》（以下简称《不良人》）动画改编真人剧获得不错的反响后，给国漫改编影视剧这一灰色地带洒落了一线阳光。

目前，《不良人》网剧第一季12集播完，获得近7亿次点击量，第二季也将在12月上线。据悉，《不良人》还授权给一家叫映百年影业的公司，正在进行电影剧本的筹备。此外，若森数字旗下的《画江湖之杯莫停》也会进行网络剧和电影的改编。

在动画IP受到追捧时，漫画IP也异军突起，成了动画公司和资本竞抢的香饽饽。据了解，目前有不少动画公司已经启动了漫画改编影视的N年计划。

快乐工场是一家二次元内容的IP综合运营商，储备了很多国内漫画作品，题材主要集中在主流王道向，例如青春热血、少女纯爱以及运动美食等。目前，快乐工场谈成了《与妖成萌》的商业授权，包括网络剧、电影和周边的开发。

快乐工场CEO曾龙文说：“除了2部已经确定的漫改作品外，还有1部没有确定，明年会有3部漫改真人剧上线。”同时，快乐工场还在筹备2部漫改真人电影。

杭州的翻翻动漫获得爱奇艺B轮战略投资后，在漫改真人剧上也做了不少布局。比如公司旗下签约作者幽灵姐妹的作品《快把我哥带走》和《头条都是他》，以及米沙的作品《偃师》都已经完成了影视化的商业授权。之后，《干物妹！小埋》《5秒童话》等原创漫画IP也都将进行影视化的改编。

另外，行业内有一家动画公司在获得奥飞投资后，也开始在筹备漫画改编真人影视剧的项目。该公司目前的计划是2部网络剧，4部网络大电影。

啊哈娱乐在2016年10月宣布的《王牌御史》大电影计划，其原作也是腾讯旗下的知名漫画。值得一提的是，出版了诸多漫画作品的磨铁娱乐也开始涉足漫改真人剧领域，旗下尤米的漫画作品《单恋大作战》改编的网络剧已在筹备阶段。

为什么资本开始看好漫画IP？

漫画IP为什么开始受到业内人士和资本的追捧，我们通过采访与分析得出了几点原因。

第一，知名漫画IP都具有比较高的粉丝黏性。

2010年前后开始连载的漫画，发展至今，已经积累和沉淀了数年的忠实粉丝。中国台湾著名漫画编辑红山人认为，漫画经过5年以上的连载沉淀，是有强大的用户基础的。

最早一批的漫画都是以出版物的方式进行连载，通过周更和月更长期吸引住用户。另外，在受众年龄还比较低的时候，就已经能为它们付费，粉丝黏性是经过市场验证的。经过几年时间的发展，这一批漫画的目标受众也已经成为目前市场的主要消费贡献群体。

在曾龙文看来，如果受众能够为一个内容长期付费，那这个作品肯定具备了商业开发的基础。“我们现在就是要抓住付费用户最多的漫画平台和作品，进一步放大它们的商业价值。”付费的忠实粉丝，还能起到辐射身边用户的作用。

另外，近年来随着微博的兴起，不少漫画作家在微博上的粉丝不亚于当红艺人。其漫画作品受到粉丝的极大追捧，比如幽灵姐妹的《头条都是他》《快把我哥带走》都获得了数亿的点击量；尤米的《恋爱大作战》全网阅读量也超过了3亿。这些漫画作品在立项改编真人剧之初，粉丝的期待值都不亚于一个大IP。

第二，题材的可选择性。

目前市场中被影视公司和资本看好的漫画题材主要分为以下三类。

第一，从用户的角度出发，以校园青春、纯爱、热血为主题的作品，受众群体是最大的。

少女漫受众群体最大，同时题材都偏向于纯爱、校园类，这一类漫画的世界观简单，容易架构。比如尤米的作品《恋爱大作战》，漫画的场景和内容都十分贴近现实生活，人物性格非常鲜明，对于真人剧改编来说是非常有利的。

第二，从市场变现的角度出发，以玄幻、武侠题材为主，可以打通游戏、衍生品的产业链开发。

第三，漫画较网文、动画改编更有优势。

相比于网文，漫画的流转率高、传播途径多，更受95后、

00后年轻人喜爱。相比于动画，漫画的进入门槛比较低，版权购买费用低。而动画的创作成本非常高，一般占到投资的20%~30%。

有行业人士认为，网文比较受男性受众喜爱，适合改编成游戏。而漫画系列则更受女性受众青睐，以少女漫为例，这一题材的漫改剧是经过市场验证的，中国台湾诸多漫改偶像剧都获得不错的市场反响，比如《恶作剧之吻》《流星花园》等等。同时，女性观众占视频网站用户的比重较男性高，少女漫改编真人剧，市场必然更可观。

资本的介入，让漫画获得更多发展机会

漫画角色的强弱决定了漫改真人剧的成败。漫画的受众在13岁~18岁，影视剧的受众在17岁~25岁，在漫改过程中就要考虑到角色的偏重和转换。红山人表示："电影的情节比较集中，主角要突出描写；网络剧和电视剧的故事情节铺展得比较散，除了主角，配角的作用也要着重刻画出来。"

另外，漫画的结构比较松散，而且故事延展得很长。如何缩短漫画文本，把简单的角色和故事线融合重整是漫改真人剧需要考虑的重点。曾龙文表示，他们接下来的3部网络剧，都会邀请漫画原作者担任剧本顾问或者监制。

有行业人士也说道："我们公司本身具有二次元底蕴和一帮优秀的编剧，会对漫改剧本进行严格把控。"

动画公司、影视公司在进行漫改的过程中，还面临着与原作

内容的商业冲突。漫画是源头，但漫画作者创作之初只是考虑内容，而没有考虑商业变现的因素。曾龙文表示这是让他非常担忧的事。

“我们现在很多时候都是去和内容公司打交道，本身内容很火，但是一旦涉及商业变现的环节，就需要调整整体的策略。”把控好内容转化和市场需求之间的关系，是漫改的难点也是重点。

国漫的发展吸引了资本的注意，同时资本的介入让更多具备影视改编元素的漫画作品有机会接触到动画公司和影视公司。动画产能低、转化率低，让很多动画公司都处于不盈利甚至亏空的状态。而真人剧市场则拥有成熟的产业链，产能和市值率也高，漫画影视化可能会是更好的出路。

一位行业内人士表示，产能是动画发展最大的瓶颈。资本让动画公司在看到网络剧前景的同时，也能亲身参与进去。同时，资本也促使动画公司进行全产业链的布局，打通上下游达到盈利的目的。在资本看来，漫画的红利期已经到来。

资本的介入能否促进国漫的发展，这一点是肯定的。红山人表示：“有了资本的助力，国漫才有机会发展，并且步入正规化的发展流程。”国漫市场一直没有完善的规模，资本进入后形成经济规模把市场做大，才能真正对国漫的发展起到促进作用。

同时，需要越来越多的专业人才进入这个领域，比如漫画家对内容进行把控、动画公司和影视公司对影视剧的制作进行把关、运营漫画IP的人才对市场环境进行操作，这样，才能形成该有的国漫市场机制。

仙剑、盗墓巡演票房过亿元，网舞、火舞入华吸金，2.5次元舞台剧的春天要来了吗？

“昨天看网舞坐我边上的一个妹子哭了，虽然我不知道她具体因为什么哭，但我个人觉得能在自己家乡看到初心作品真的很感动，当年很多妹子第一个接触的2.5次元舞台剧都是网舞嘛。”

刚刚过去的中秋节，上海的迷妹们在家门口体验到了原汁原味的《网球王子》舞台剧的现场魅力。随着《美少女战士》《黑执事》《妖精的尾巴》在国内上演，2.5次元舞台剧从日本火到了中国。“现在大家最希望的是《刀剑乱舞》的舞台剧能引进国内，但害怕抢票地狱。”一位迷妹表达了自己的期待。

其实不只是日本，国内的2.5次元也在悄然兴起，《十万个冷笑话》《仙剑奇侠传》《盗墓笔记》等舞台剧均在国内创下了不错的票房成绩。相比于漫改真人电影的饱受诟病，2.5次元舞台剧为何能够轻松打破次元壁？它的盈利空间是否更为可观？国产2.5次元舞台剧是否也像日本一样有望输出海外？

迷妹入坑，漫改舞台剧为何能打破次元壁？

“第一次看剧的经历是《火影忍者》，当时并没有特别想去，但同学是《火影忍者》原作的粉丝，看了定妆照很感兴趣，正好当时出演我爱罗的演员是我在追的一部日剧里的演员，我们就商量放了假一起去澳门看，看完就中毒了，写repo的时候手都是抖的！”

以上是一位2.5次元舞台剧刚“入坑”的迷妹的感受。非常神奇的是，漫改真人剧这种对影视作品来说无比艰难的任务，在2.5次元的领域竟然能够轻松突破次元壁。一位《盗墓笔记》舞台剧的迷妹表示：“说实话，我觉得其实相比电影和网络剧，可能《盗墓笔记》的舞台剧给我的观感是最好的，剧情方面更还原小说，特效也做得不错，去年看的那场《盗墓笔记》有一段吴邪在墓里的情景我还被吓到。”

2.5次元剧的主要魅力是什么？经过调查，我们得出了以下几点。

（1）特效好、原作还原度高。

不少粉丝看舞台剧都有一种感觉，就是原来只是平面的角色和世界观，在真实世界里被还原了。2.5次元的角色是活生生的，比起动画更有一种现实感。舞台剧虽然不像影视那样有CG特效，但其特有的舞美、灯光、音乐、杀阵等，也会给观众身临其境的观感。

（2）演员赋予动漫角色更多个人魅力。

一位网舞的原作粉丝告诉我们：“刚开始看到这些角色怎么一言不合就集体跳舞，还唱歌和翻跟头，确实有点尴尬，但接受了这样的设定以后就很带感。演员对于二维角色的三维塑造非常厉害，所以很多人难以接受舞台剧换演员，因为演了好几场甚至好几季，这个角色已经被活脱脱塑造出来了，换一个人就觉得不是这个角色了。”

（3）现场互动效果好。

“舞台剧的互动很有魅力，给观众一个近距离接触自己喜欢的演员的机会，这点很吸引人。”据了解，日本2.5次元舞台剧在中国公演时，会把很多短台词都改成中文，谢幕致辞时演员也努力用中文表达。剧场前后排有过道，而舞台剧会设计一些剧情，让角色跑到下面和观众互动。

（4）突破次元壁。

一些粉丝认为，2.5次元舞台剧因为具有独特魅力，不少人是看了舞台剧后反哺了动画、漫画或者演员，而2次元、2次元作品的粉丝也在2.5次元舞台剧中找到了共鸣。一位原本并不迷2次元作品的演员粉丝就告诉我们：“舞台剧很魔性的一点就是，虽然我现在也是冲着演员去看舞台剧，但看的时候会忘记身为演员的他，而全身心享受剧情和角色。”

市场疯狂：

日本2.5次元舞台剧国内上座率逾8成，无须巡演也能收回成本

目前国内音乐剧和舞台剧市场，主要还是靠引进海外剧和经典剧目改编来拉动票房。日本2.5次元舞台剧因为将漫画、动画、

游戏等二次元的世界观，通过音乐剧或舞台剧的形式展现出来，而在二次元和三次元群体中都拥有可观的受众。

日本2.5次元协会会长松田诚曾在采访中表示，日本2.5次元舞台剧的公演票房能达到200亿日元（约13亿元人民币）的规模，加上衍生周边销售额会在400亿日元左右。

“追2.5次元舞台剧的花销非常大，说出来都是泪。钱包怎么空的都不知道！”妙妙向我们普及了浪大幕（随机贩售），吧唧（徽章），普雷米（白银座位票）等一系列术语，并半开玩笑地说：“这么跟你说吧，如果不是喜欢上小舞台，我现在在上海已经有房有车了，今年为了看舞台剧已经飞了5次日本，国内还看了3次。”

国内一些2.5次元舞台剧的爱好者甚至发展出了成熟的社团，比如白熊乐屋歌舞剧社，该社改编自宝冢版《伊丽莎白》的舞台剧已经上演了2场，据负责人透露，除道具、场地费等，团员还要自费承担演出服装，“最贵的一套有5位数了”，而这些全都是出于对2.5次元舞台剧的热爱。据介绍，他们新排演的《罗密欧与朱丽叶》也即将上演。

“其实在国内，（2.5次元舞台剧）这个市场也是一直存在的，只不过近2年开始才被国内公司发掘出来。”永乐演艺总裁张春晓介绍，随着《美少女战士》《黑执事》等2.5次元舞台剧进入中国，2016年永乐演艺也与奈尔可文化合作，引进了一批热门舞台剧，比如《妖精的尾巴》《网球王子》，上座率都能达到八九成，其中火舞（《火影忍者》舞台剧）因为拥有更广的受众，10月在中国6个城市启动近40场巡演。

不过多数情况下，引进的2.5次元舞台剧只在上海等大城市演出五六场，这对于引进方而言是不是一门好生意？尽管没有公布明确的票房，但张春晓说，永乐过去做的项目回收成本是没有问题的。对此我们算了一笔账：以中秋节刚在上海落幕的《网球王子》舞台剧为例，演出地美琪大戏院共有1597个座位，按平均票价400元、上座率八成计算，演出5场票房约为255万元，可见引进费用并不高昂。

而日本2.5次元舞台剧的优势还在于其强大的周边贩卖，同样能带来票房外的大量收入，据了解，一张舞台剧的正版碟就要6000日元左右，并没有比演出票便宜多少。“周边产品的开发一般由日方来负责，针对中国巡演也会专门开发一些新的衍生品现场售卖。粉丝非常在意正版问题，所以日本舞台剧的周边销量还是非常可观的。”

一位《刀剑乱舞》和《弱虫ペダル》的粉丝向我们分享了她第一次看现场时的感受：“舞台剧的物贩是先于演出，比如白天10点就开始的。里面有很多靠抽才能得到的东西，大家因为不一定能一发命中，就抽很多。所以你会在贩卖场地看到很多人，手里捧着盒子，盒子里是很多物品求交换，都希望能换到自己喜欢的角色或演员的抽选物品，场景非常壮观，这也是2.5次元舞台剧文化的独特魅力吧。”

《仙剑奇侠传》《盗墓笔记》巡演票房过亿元，国内2.5次元舞台剧迎来春天？

与日本2.5次元舞台剧在20世纪90年代就已经蓬勃发展相比，

中国的2.5次元舞台剧始于2014年。《十万个冷笑话》通过多媒体技术和弹幕互动等新玩法，获得了非常好的观众反响；而《盗墓笔记》的系列舞台剧也创下全国巡演逾200场，累计票房收入超过1.5亿元的成绩，越来越多的年轻观众走进剧场，尽管有人认为这种粉丝舞台剧不具备艺术水准，但不可否认的是，2.5次元舞台剧正在中国迎来春天。

比如《仙剑奇侠传》的系列舞台剧，《仙剑奇侠传1》已在全国20多个城市进行2轮巡演，《仙剑奇侠传3》则于2017年开始巡演。“平均票价在400元左右，上座率能够达到八成，重庆、成都、深圳上座率在95%以上，马鞍山、丽水等三四线城市上座率也不会低于六成。”《仙剑奇侠传》舞台剧的出品方、染空间戏剧工作室制作人梁一冰告诉我们，这个项目比较健康，很多城市的演出商有需求，回收成本比较轻松。

受澳方邀请，12月份在澳洲也有2场《仙剑奇侠传1》海外版的演出。“国外进来的舞台剧、音乐剧很多，但中国舞台剧在海外的商演还比较少。”梁一冰表示，“《仙剑奇侠传》代表了开放的东方美学的东西，所以为了这次的海外演出，我们也做了人员精简、技术更新、视效升级，希望能为中国舞台剧输出国外打一个好的基础。”

《仙剑奇侠传》项目的成功除了IP本身的粉丝号召力，也离不开改编工作开展之前的精心准备。据介绍，在2014年向大宇游戏要改编授权前该团队就做了很多前期工作，《仙剑奇侠传》舞台剧的筹备前后用了约1年的时间。

《仙剑奇侠传》的世界观和故事体量较为庞大，如果完全按照游戏剧情，舞台剧版本将长达7个小时左右，最终进行全国巡演的精简版为3个小时，保留了主线最重要的剧情。“我们其实希望大家把这部剧当作一个独立戏剧来看待，所以完全是按照戏剧的创作规律来做的，比如在3个小时内如何起承转合，而不是纯粹的cosplay，不然只是按照游戏的迷宫、闯关等来演出，观众没多久就厌倦了。”

《仙剑奇侠传》舞台剧在视觉方面的投入大概占了总体成本的50%，包括多媒体设计、舞台美术设计和威亚、武术的设计等。“我们还是想把钱花在观众能够看得到的地方，包括服装是手工制作的，有很多衣服我们是拿去向观众近距离展览的，需要很精致。”

不过尽管2.5次元舞台剧或音乐剧市场前景广阔，但在选择改编时并不是所有热门IP都适合。梁一冰认为，《仙剑奇侠传》舞台剧具有特殊性，其成功并不能被简单复制：“在互联网时代很多流行的东西都会稍纵即逝，一部作品要拥有长久的生命力，才适合被改编成舞台剧，否则只会消耗这个IP。”

在2.5次元舞台剧开发方面，制作《盗墓笔记》系列舞台剧的锦辉传播算是国内的先行者，在尝到甜头后，其又陆续制作了《同道大叔12星座暗黑史》《新葫芦兄弟》等IP改编舞台剧。

制作人戴责伦表示，《葫芦兄弟》有完整的故事和清晰的人设，相对容易开发，而《同道大叔12星座暗黑史》是以星座为依托的碎片式话题漫画，在改编时难度较大，从确定开发到剧目上演，至少需要6~8个月的时间。

“首先是从题材和内容上来讲，适合通过舞台剧的方式呈现；其次是原作有一定的粉丝基础，而且粉丝中有一部分与舞台剧受众吻和，或者转化率较高。”比如《同道大叔12星座暗黑史》虽然属于难改编的类型，但其受众主要是都市白领，他们同时也是舞台剧的主流消费群体。“2.5次元舞台剧的受众下至8岁上至80岁，不过绝大多数还是20~30岁的妹子，她们是主力消费群体，是有钱有爱的一代人。”

一些粉丝认为，在作品质量上，国内的2.5次元舞台剧已经达到了很高的水平，相比之下由于市场方兴未艾，国内观众的观剧礼仪还有待提高。“不止一次看到有观众在演出中因盗摄，进食等被工作人员指出的。”一位粉丝说，“我看《盗墓笔记》的时候坐的位置偏后，前面一排白花花的手机屏幕在偷拍，根本管不过来，不能说日本完全没有这种现象，但比国内好很多。”

同时在周边开发上，国内2.5次元舞台剧也还有很大的发展空间，有粉丝表示很喜欢《盗墓笔记》舞台剧，但相关周边似乎很少能买到。

“《仙剑奇侠传》舞台剧的周边巡演时或者在网店上都会卖，这一块收入占的比重目前还不是特别高。”梁一冰表示，“不过大家对周边产品的关注度和热情很高，我们做过数据调研，公布周边的时候阅读量会多2000万左右。周边制作的创意需要是粉丝喜欢的，但不能设定得太贵，或使用频次太低，比如T恤、明信片、环保袋、U盘等比较好卖，但三五百元的包包销量就不会很好。”

死忠粉玩了7遍，每次消费上千元，线下实景体验如何成为一门好生意？

阴森的密室，紧锁的笼子，躺在铁笼中形容枯槁的女子，散落一地的整容液……一群人战战兢兢通过抖动的电梯和惊悚狭窄的过道，突然不知从何处冒出的行尸，把我吓得蹦上桌子。

这不是某恐怖影视剧的拍摄现场，也并非我误闯鬼屋，而是根据韩国漫画《整容液》打造的线下实景体验馆。

随着IP热从银幕蔓延至线下，《鬼吹灯》《盗墓笔记》《火影忍者》和伊藤润二系列漫画等都被改编成了线下的体验式娱乐场景，它们大多具备一些特点：或是惊悚悬疑主题，或是源于热血打斗少年动漫，总之花上几十到上百元不等的入场费，你就可以在几千平方米的搭建空间中如临其境般“穿越”到不同场景，和浸没式戏剧的演员们进行互动。

这个游戏到底有多吸引人？我们在亲自体验后觉得，它至少满足了当下年轻人的猎奇心理，并且会令原作的死忠粉们欲罢不能。一位开发者说，动画实境展览期间，有死忠粉甚至在相同的场景中来来回回体验了7遍。

目前，线下实景体验才刚刚起步，但已经能窥见它的发展势头越来越强劲，缘由自然在于其背后的生意经。策划团队与大型商场进行深度结合，通过资源置换降低成本，赚取授权金、商场邀约金、招商费和衍生品变现；而商城也从中获益颇多，据了解，线下体验活动每举办一次，商场的整体收益和营业额能增长50%。

只看剧不过瘾？影视、动漫的线下实景体验刺激观众的肾上腺素

《鬼吹灯》《盗墓笔记》里光怪陆离的场景，脑洞大开的道具，使得很多观众在看电视剧的同时也忍不住想要亲身体验一把，而“盗墓”题材的线下实景体验应运而生。

2016年5月，《鬼吹灯》线下实景体验馆首次出现。这个项目由触电团队打造，他们将北京西单大悦城9层改造成了一个1500平方米的“墓室”，重现《鬼吹灯》的场景。那时正值电影《鬼吹灯之寻龙诀》上映期间，五一小长假那3天，每天都有很多年轻人在体验馆外排队。

《鬼吹灯》之后，触电团队又打造了《暗黑黎明2》和《整容液》的线下实景体验馆。《暗黑黎明2》线下实景体验馆在台北101对面的一个停车场中，面积为6000平方米左右。据万娱引力CEO周萧说：“这个场地人流不多，但是仍吸引了很多参与者，并且给台湾当地打开了线下体验的新大门。”《整容液》项目则是触电团队一次更新的尝试。漫画改编网络剧后，为这个项目的实景打造提供了很多视觉参考：电梯的震动、人的惊吓，科技、演员和场景的融合，一切都是为了让观众有更加逼真的体验。

2016年7月，《盗墓笔记》线下实景体验馆在重庆长江当代美

术馆落地。“墓室”占地1000平方米，搭建了12个主题场景，倒置屋、海底墓等都是按照1∶1的比例还原的。另外，当时正在热播的《老九门》也成为展馆中的一个场景。“盗墓之旅”中，时不时会出现的“血尸”“禁婆”“尸蟞”等形象让参观者尖叫连连，煞是好玩。

除了“盗墓”题材，影视剧线下实景体验的打造，主要还是集中在悬疑惊悚题材上。视觉与感官的冲击，粉丝的探索欲，都是这一题材能够实现线下体验化的理由。周萧表示：“从目前的市场认知来看，先从一个题材切入会比较好。首先培育用户对线下实景体验的认知，毕竟是全新的事物。有了基础后，再去开发更多类型的项目。”线下实景体验最重要的是，让冲着社交来的参与者有沉浸感，而惊悚题材的紧张感最能刺激体验者的肾上腺素。

除了影视剧之外，动漫也是线下体验的一个好题材。据了解，上海聪码数字科技有限公司就是一家专门打造动漫衍生品和线下实景体验的公司。2016年7月，聪码在上海大悦城举办了一场《火影忍者》动画实境展览，里面包括《火影忍者》场景再现、木叶村立体造型原貌展示、忍者之路晋级攻略以及衍生品展区等等。聪码CEO兼创始人薛凌昊说：“《火影忍者》动画实境展览期间，有一个忠粉前后来了7回，在相同的场景中一遍一遍地体验，他希望能够住到里面。”

随着伊藤润二系列日漫被引进中国，我国的投资人窥探到其中越来越多的商机。获得伊藤润二系列作品授权之后，除了开发影视作品，派睿莱斯文化传媒公司还计划做手游、衍生品和线下实景体验场馆，其中线下实景体验的伊藤润二恐怖美学博物馆也于2016年11月在大悦城亮相。据该公司总经理吴美丽介绍，伊藤润二恐怖美学博物馆将浸没式戏剧和密室逃脱结合起来，其中的无界之城（没有尽头的城市道路上空，飘着人头气球）等场景，都让体验者感受到了脑洞大开。

线下实景体验活动，多方获利，都说是一门好生意

线下实景体验活动，除了主办方主要是场地方和活动主办方的互动。以大悦城为例，除了一般活动的场地出租（比如汽车路演，一般是100平方米4万元左右的租金），商场与活动方的合作方式和分账模式大致分为三种。

第一，商场策划的活动。比如北京朝阳大悦城2015年举办了一场动画形象展，是大悦城从版权方那里拿到授权之后，商场内部自主策划的活动。这种形式就不存在分账问题。

第二，资源置换。《整容液》线下实景体验项目，活动主办方万娱引力出项目策划和现场运营等，朝阳大悦城则负责场地和一部分宣推工作。而此次合作就是一个资源互换的过程。

第三，场地邀约，即商场邀约项目进驻展览。 在2016年12月初举办的《航海王GLOD》电影展，就是上海大悦城以邀约的方式与聪码达成的合作，又是一种新模式的实境展。薛凌昊说："这种新型模式，考验的首先是IP与商场的深度结合，即商场的商业生态和展览形象的结合，对商场来说有利之处在于引入了巨大的时

尚消费人群；其次就是活动的规划，要让影展活跃起来，让粉丝能够有身临其境的感受。”

另外，聪码创造了快闪店模式，主要分为两种形式：一种是主题型的，与IP进行绑定，“展进它进，展出它出”。另一种是和商场进行长期的合作，成为潮流品牌，里面销售所有聪码开发的IP潮流衍生商品。薛凌昊表示，展会型的快闪店已经相当成熟，并拥有多条供应链，但局限性大；品牌店的模式宽容度更高，正在和商场洽谈中，希望可快速地实现二次变现。

薛凌昊说：“授权金、商场邀约金和招商费用是目前所能看到的最大收益。”聪码举办的《火影忍者》实境展，是由商场从门票中直接拿出一部分钱给聪码，等于是商场买了它的一部分授权。衍生品售卖的收益，则是由双方进行分成。商场给的邀约金越高，最终的分成也会越多。“其实我们目前有一个比较好的发展环境，本来进驻商场办活动还要支付很高的租金。”薛凌昊表示。未来，聪码会在万达、万象城等商场全面落地这种实境展，将产品在全国铺开。

总的来说，不论《火影忍者》《盗墓笔记》还是《鬼吹灯》都是具有粉丝基础的强IP。IP的影响力在于能够撬动粉丝，为商场带来客流。薛凌昊说：“类似于《火影忍者》这样的线下展览，每举办一次，商场的整体收益和营业额都能上涨50%。”这对于商场来说是很有意义的，赚的这些钱又可以拿出来做更多活动，激活商场的市场活跃度。

赵波告诉我们：“《整容液》项目开放前2天，就给商场带来了10%的客流增量。”而朝阳大悦城也给了《整容液》项目全方位的资源推广，整个商场内都有宣推牌。这对于共同开发的《整容液》网络剧来说，是一次极大的宣推和曝光。周萧说：“以每天6~7万人的客流来说，朝阳大悦城1个月的客流可以达到200万人以上。”

随着IP影响力的扩大，此前展览只是达到引流的作用，现在展内通过售卖粉丝喜欢的商品来达到更好的盈利效果。薛凌昊说：“前面说到的来了7回的那位粉丝，他每次来都要消费3000元以上，买各种衍生品。还有特别打着飞的来的日本客人，每次都进行5000元以上的消费。”售卖衍生品成了实境展很好的收益来源。周萧也说道：“《触电·整容液》是在体验之前就先售卖衍生品，它们可以在体验过程中用作道具。这是一次新的尝试，能让参与者更大程度地享受衍生品所带来的乐趣。”未来，他们都会在衍生品上投入更多。

值得注意的是，“项目的打造和衍生品的开发要注重死忠粉与轻粉的区分”，薛凌昊说。死忠粉对于IP的接受程度高，而轻粉则需要一个从接受转化为死忠粉的过程。

问到线下实景体验活动是不是一门好生意，朝阳大悦城项目负责人赵波告诉我们：“我的回答是‘是’，线下实景体验活动是一门好生意，而且有非常好的发展前景。”

线下实景体验的未来：优质IP为首，制作要精良

这些线下实景体验之所以能够受欢迎，是因为有共同的特

点：都由热门IP改编而来，并且已经有了一定的粉丝积淀。《盗墓笔记》《鬼吹灯》拥有很好的小说和影视剧粉丝基础；《整容液》也曾刷爆朋友圈，有相当多的女性受众；《火影忍者》等日漫IP在国人心中都是经典，已经打了二十年的死忠粉基础。

线下实景体验活动虽然是门好生意，但是还处于刚刚起步的阶段，在策划和项目的实体打造上都存在不少难点。

其一，门槛高，主要体现在开发成本和智力成本上。据吴美丽讲，伊藤润二恐怖美学博物馆开发总成本在500万元以上，而5个月的活动时间无法回收成本。

其二，技术难度。比如《整容液》项目里面就用到了全息投影来呈现立体的“整容液”瓶子。

其三，原IP场景的呈现。《火影忍者》实境展中，聪码打造了一个2：1的火影楼，花费了很大的工程量。另外，《整容液》中的“人融化在浴缸中、腿上有一个脸”等场景都是现实中无法表现的，那么就要做粉丝能够接受的改编。

多数线下实景体验项目都还没有达到很大程度的盈利。对于刚刚接触这一新形式的公司来说，更看重的都是项目的后期影响力。吴美丽就说：“第一个项目基本很难回收成本，我更希望能打造品牌形象。”聪码在《火影忍者》实境展之后，也已经收到其他商场的邀约，目前都在洽谈中。《整容液》则为即将要上线的网络剧做了很好的宣推。

赵波表示：“大悦城在选择合作方的时候，主要是看对方的IP质量和团队的策划能力，粗制滥造的活动我们是不看好的。”从目前的线下实景体验活动来看，《火影忍者》《鬼吹灯》等都是优质的IP，团队也都是非常专业的。

商场需要根据不同的客群来打造不同的活动。比如大悦城，相比于其他商场其定位更年轻、中产、优质，而《整容液》的主要受众就是时尚青年们，因此受到欢迎，不匹配的用户则会导致冷场。赵波说："商场选择做不同的活动，核心是基于双方资源和收益的考量。我们需要看到这个项目是否和购物中心的客群匹配，能否为品牌加分和导入客流，使其占领行业的制高点。"

万娱引力通过《鬼吹灯》《暗黑黎明2》和《整容液》实现了IP的复制、异地复制和模式复制的进化史。这种进化过程或将成为行业的发展趋势。随着IP变现能力和变现形式的多样化，我们发现，大悦城等商场以及投资人对于这种形式都越来越感兴趣。

07

直播大战

全民网红时代到来了？

经历了野蛮生长时期，直播行业逐渐步入稳定期，直播平台从“百团大战”中洗牌，内容生产者从各个文化领域涌来，直播综艺也初具商业模式。

2016年是视频直播元年，3月份之前但凡做直播的平台都能轻易得到资本的青睐，直播超过网生内容成为新的投资风口。而彼时映客、花椒、美拍等直播平台通过明星直播等事件营销侵入大众视野，刘涛在映客的直播，范冰冰在美拍的直播开启了全民直播的热潮，泛娱乐直播一时风头正劲。

而“直播+”也趁势而起，“直播+网红”构建秀场直播新态势，“直播+电商”革新电商平台买卖习惯，“直播+综艺”更是让传统综艺界人士无比“焦虑”，纷纷表示要赶紧跟上，“直播+财经”“直播+社交”“直播+游戏”等也都红红火火。

但任何一个野蛮生长的行业势必都逃不过被监管的命运，广电总局和网信办接连把直播纳入监管范围，直播与视频网站的监管标准趋于一致。位于直播行业金字塔顶端的YY、映客等自然不必担心，直播行业的准入门槛提高，可能会洗掉一批小公司、小平台，直播行业未来可能会是巨头们的战场。

目前来看，各个直播平台的用户增长都在放缓，直播内容同质化日趋严重，谁能在接下来的暗战中胜出呢?

投资过亿元、王思聪和马东扎堆，直播综艺初现商业模型

北京炎热的午后，王思聪坐镇789包豪斯广场，看着一群靓丽的女孩子在阳光下唱唱歌跳跳舞、进行泥潭大战和捉猪比赛，最大限度地要求她们“讨好”网上观众，因为网友掌握着决定女选手去留的“生杀大权”。

单看这个节目的直播，你会觉得画面粗糙、游戏设置相对低俗，连活动的主策划人王思聪都在对一位自称女神的选手大肆吐槽“节目中你不能高冷，你这样不接地气”。

事实上，这是一档精心策划了几个月的品牌活动，参与的双方芒果娱乐和王思聪的熊猫TV都是圈内一线公司，整体资金投入也达到1亿元左右，制作体量完全不输于传统的电视综艺。据悉，《hello！女神》已收回大部分成本，随着节目的进行，盈利几乎不是难事。

有着过亿元资金，却产生了看似粗糙的节目？这可能暗合了目前直播综艺的调性问题，即直播为谁而做。

我们梳理近期出现的多档直播综艺节目，意外地发现80%以上都和游戏直播平台有关，换句话说，这股直播综艺热潮主要由游戏直播平台和传统综艺制作力量共同推动，而当下正火的移动直播平台却不见踪影。至于优酷、腾讯这样的传统平台，则仍处在

摸着石头过河的阶段，无论是《潜行者计划》还是播了1年的《我们15个》，都没有溅出太多水花。

“这个不难理解，目前直播有两种形态，即游戏直播和秀场变种直播。游戏直播平台的本质是内容平台，有内容制作的积累；而秀场及其变种模式是以流量为目的，重点在于通过市场推广获取流量然后变现。”熊猫TV副总裁窦雨潇告诉我们，这两者的差别造成了目前直播综艺率先在游戏直播平台爆发，熊猫TV通过《Hello！女神》积极地在直播综艺领域布局，给平台加入更多泛娱乐的内容，并尝试推出更多直播综艺节目。

一时间，直播综艺节目怎么玩，与传统综艺有何区别，能否成为一种主流综艺类型等问题成为业内关注的焦点，我们也带着这些问题与众多节目制作方聊了聊，得到了许多有趣的观点和启发。

直播综艺核心：让网友改变选手命运

“一开始我们想在240强海选时进行直播，但担心现场不好控制，3月份，我们派人去长沙开会协调，最终中和了双方意见，决定在60强甄选阶段开始做直播。”熊猫TV副总裁窦雨潇讲述了他们与芒果娱乐在合作中的想法碰撞。

“这2期做下来，感觉跟以往最大的不同就是互动。”芒果娱乐副总裁王柯表示直播综艺借助弹幕实现了更为自由的互动，在《Hello！女神》的录制现场，网友可以利用弹幕实时与选手交流，王思聪也会根据弹幕情况决定见还是不见女选手。

“后面的互动更有意思，你想一下，你在手机上按一下，女选手的床就翻过来；你再按一下，床头就喷水，这种互动在传统综艺中是不可能实现的。”芒果娱乐副总裁王柯越说越兴奋，“选手的命运甚至也可以改变。”

除此之外，在海选流程、游戏环节、用户参与度方面，两方也经过了大量的磨合。

作为湖南卫视原资深制片人，YY上的直播综艺《九宫举》的制片人万成韬也表示，传统电视人早已习惯了导演中心制，但如今转型做互联网产品，就必须研究相关直播平台的生态和用户喜好，一边实战一边调整。

说到底，直播综艺最核心的关键词是“强互动性”“强竞技感”，即“让用户影响节目内容的走向，甚至改变选手命运”。目前，这种互动正在从浅层向深层次转变。

（1）比较浅层的，互动即打赏。

据VG娱乐联合创始人张晓帆介绍，《花漾大爬梯》里每个选手有两项专属礼物，网友可以定向给自己喜爱的选手增加人气，如果讨厌某人也可以刷负向礼物降低其人气。

节目组一度模仿《征途》等付费玩家的运维方式，经常率先狂刷礼物，以此刺激看客的攀比心理，变相鼓励看客打赏。

我们认为，这种互动性本质上是加入了一些游戏竞技的元素在里面。根据已经播出的后台数据，这种强互动的时刻弹幕往往是最频繁的。

（2）升级了的2.0版除了打赏、刷人气，还可以远程操练女神。

《hello！女神》海选期间，网友可以给两位PK答题的选手买礼物，帮她们其中一位获取“pass问题”“获得提示”等锦囊，以此改变选手的得分。等到了10强选手别墅演练环节，网友可以通过买猫币、刷道具，对某个女神实施吹风、喷水等整蛊行为，掌控女神们的线下养成。窦雨潇说：“最后获胜的5位女神，是靠网友刷人气选出来的，连王思聪都改变不了结果。”

而《花漾大爬梯》采取末尾淘汰制，网友也可以通过刷高某人的礼物或给另一位选手刷负向礼物，决定选手的去留。而每一轮的淘汰赛，都有如AKB48总决选般的刺激感。

再以实境综艺《潜行者计划》《出征》为例，后者的总制片人王康告诉我们：“可能是一瓶水、一个重要的生存装备、一个可以与外界进行直播互动的珍贵机会，我们的看客不再是高兴了就给你打个赏，而是买下这些奖励，用来改变他喜爱的选手的命运、改变竞技结果，甚至改变节目的走向。”

直播综艺背后的生意经：打造IP，收割产业链收益

现在问题来了，大家迫不及待想要入局的直播综艺，其商业模式和盈利状况如何？这恐怕是人们最关注的焦点。

众所周知，直播节目最直观的收入在于广告赞助、版权收入（卖给点播网站）、网友的打赏、送出的礼物。据悉，《hello！女神》第一期长沙站的打赏达到了百万元级。而随着节目的推

进、人气的积累，想破千万元问题不大。

然而，不同于打赏收入来得简单粗暴，有的节目类型赚广告商的钱比较容易，但有的招商并不多。

据悉，实境综艺《潜行者计划》拿下了6家赞助商，而《出征》方面也表示，有意向、正在谈的广告商很多。不难看出，实境综艺做植入比较便捷、容易，也确实好谈些。

在其他女子直播综艺方面，目前《hello！女神》《花漾大爬梯》都只拿下了1家冠名商，后续还在持续招商中。一方面，两家负责人都表示："随着节目人气增高，相信会有新的客户进来。"但另一方面，他们也并没有很在意节目暂时的盈利，往往都是"醉翁之意不在酒"。

《花漾大爬梯》总策划张晓帆表示："事实上随着广告的进入和礼物的收益，我们还是基本上能够覆盖成本的，也有很大空间实现盈利。但我们并不是说希望节目挣多少钱，我们更看重的是实验性，模式上取得成功就会是突破性的成绩。"

据熊猫TV副总裁窦雨潇介绍，《hello！女神》对打赏的收入没有任何要求和预期，他们的终极目的主要是想做网络造星，为整个平台泛娱乐化转型服务。"我一直觉得直播平台造星的能力是被低估的。《hello！女神》就是想用节目的形式去满足网友这一诉求。我们相信把她们打造出来后，让她们拍网络剧，最后她们的人气应该是不输于通过影视作品出道的明星的。这其实印证了当下一种全新的造星的生态。"

事实上，通过入局者们选择的节目类型，是可以看出她们背后的熊熊野心的。以《出征》为例，作为一档筹备2年多、耗资

2亿元的户外竞技真人秀节目，它的目标是把节目打造成一个IP，未来要做的是发展艺人经纪、IP版权开发与社群运营、电商、游戏开发、衍生品等内容。

随便来一个节目方案，直播平台都会欣喜若狂

“半年前如果我跟直播平台说要做综艺节目，大家都不理解，但是现在大家又都一窝蜂地去做。”张晓帆如此形容半年内这个领域翻天覆地的变化。而这背后，折射的其实是直播平台、内容生产商、广告商、网红公司的复杂心态。

“现在直播平台太缺好内容了，你随便拿一个直播节目的方案过去，它们都是非常欢迎的。”据大多数内容供应商透露，各大平台对直播综艺都极度“饥渴”。

据了解，芒果娱乐依托于湖南娱乐平台，本想做一档《星姐》的选美节目，但放在地面频道影响力有限。后来它们拿着这个方案向熊猫TV寻求合作，于是很快就有了《hello！女神》。

“中国游戏直播用户一共就1亿多人，被几个游戏平台分得差不多了，很难再有大的增长空间，不加入泛娱乐转型，很难再有突破。”熊猫TV副总裁窦雨潇道出王思聪积极做直播综艺的初衷。总而言之，对身处“百播大战”的平台而言，打造优质内容、往高端化转型、打造差异化优势，急不可待。

那节目制作方又是怎么看的呢？我们曾多次指出，2016年电视节以来，大家对直播节目的“饥渴”程度越发严重。

马东在接受我们的专访，谈到为何做《饭局的诱惑》时表示：“谁都不知道怎么玩，但我们的逻辑是必须最先冲进去，先占下一席之地。”“你知道点播是不能出事的，但直播不出事是不行的，或许这才是直播节目的逻辑。”

但我们发现，《饭局的诱惑》在斗鱼上的互动量并不算最高，而不少网友的弹幕也显示出“好无聊”“不知道看什么”等吐槽。不少直播平台透露，游戏、电竞发家的平台想改变固有的用户，短时间内比较难，米未偏语言节目类的调性如何与斗鱼80%以上的宅男品位契合起来，还有待观察。

当然，也有很多人关心，对那些半只脚还没踏进来的内容方来说，如何选择合作平台呢？万成韬表示：“未来直播平台差异化、个性化肯定会越发明显，比如YY的打赏模式独具特色，优酷在阿里进入后会放大电子商务，腾讯基于用户人群toB价值很大，而映客、爱奇艺则可能会做高品质节目。我们可以根据对方的商业模式和原有的风格来选择平台。”

为什么说在直播的赛道上，创业公司机会渺茫？

“直播看似没有什么门槛，但其实门槛挺高的，不仅资金量要求高，技术、运营也都需要做得好，不适合没有什么资源的小团队。”

这是光圈直播CEO张铁对我们袒露的心声，作为直播赛道上200家创业公司的其中之一，他们的压力足够大。

我们想象过“百播大战”的壮烈，只是没想到前奏刚刚响起，就有那么多公司“如坐针毡”，有人将这轮浪潮与O2O、团购相提并论，但这其实完全是两回事。

O2O、团购可能是在没有商业模式的情况下盲目烧钱拉用户，结果是看谁可以撑到最后；而直播则是在可见的商业模式（秀场打赏模式）的利诱下，探索如何做出移动秀场的新变种。

与这些创业公司站在一条跑道上的几乎都是巨头：BAT、360、小米、陌陌、微博这些耳熟能详的大公司悉数在列，它们不仅自带资金，还拥有可怕的移动端流量，微博导流一直播、陌陌主导陌生人直播，发展逻辑并不突兀。

所以，不要再扎堆进来了，直播这个领域真的不适合乱入，目前仅存的机会可能是垂直细分领域，所以等你想好了怎么做，我们再来好好聊聊。

数据没有撒谎，但有隐藏

曾经有一张爆红朋友圈的直播界面图，上面密密麻麻地排列着80款软件，让人咂舌的是一夜之间，为什么会有这么多直播平台冒出来，但事实是，目前直播APP已多达200多款！

这并不足以让创业公司心慌，在创业领域摸爬滚打这么多年的CEO们，谁没有经历过这样的情况？从视频网站、O2O、团购到还未落幕的VR热，哪一次浪潮不是成百上千家公司过独木桥。

但这次的蹊跷在于，“百播大战”还未正式打响之际，巨头们已经纷纷入场，只要是你能叫得出名字的互联网上市公司，80%以上都参与到直播中来了，还是母公司直接推出的：小米、聚美优品、蘑菇街、唱吧、人人……

并且已经形成“集团军”的打法：腾讯正式参与的直系梯队就有龙珠、斗鱼、企鹅直播和腾讯直播，加上旁枝末节的软件及投资关系，拥有直播功能的企业达7家，阿里系投资资源触角涵盖的直播平台数量绝不亚于腾讯，仅合一集团关联直播平台就有6家。

在这样的情况下，创业公司很难再有翻身的机会，也许你会说映客直播、光圈直播这样的创业公司可以突围，我为什么不可以？

第一，映客直播、光圈直播这样的创业公司做得很早，在2015年年中就已经开始陆续发力，那个时候各大上市公司还没有全面布局这个领域，尚处在“空白阶段”，它们取得了一定的先发优势。

第二，它们得到一些PE/VC的扶持，比如这两家直播平台都接受了紫辉创投投资，紫辉创投是业内较为知名的创投机构，曾经投资过陌陌和锤子科技。即使它们有先发优势，仍然做好了“八年抗战”的准备，映客直播上一轮融资6800万元，创始人奉佑生直言要准备弹药打持久战。

资本趋于保守，创业公司融资艰难

“直播平台我看得不深，是否投没有定论。”

“我们在看直播类项目，但是会比较谨慎。”

这是两位投资人的回答，被问及目前火热的直播领域投资时，他们的态度都偏向消极，如果这都不能浇灭你在直播领域创业的信念，那么再来听听另一位投资人的说法：“我们不会考虑直播类平台项目，这个与具体的基金风格关系不大，主要是直播平台发展到这个阶段投资逻辑变了，新的创业公司机会不大，除非是有雄厚的实力或者资本背景，出来就能整合别人的。”

事实上，2016年3月份以来，直播领域的投资就已经趋冷，目前网上流传甚广的一份直播平台融资统计表格中，116家企业已经有108家获得了融资，但真正完成了融资的基本都在2016年3月份之前进行，为数不多的几家在3月份后融资的企业也感叹资本遇冷，融资不易。

“我们算比较幸运的，有一些同行据说现在还没有融到资，而直播烧钱也很厉害，我们这一轮也是想多融一点，为以后打持久战储备弹药。”一位正在融资的直播平台负责人表示。

而这一领域烧钱有多厉害？有人说5亿元是入门级，也有人说10亿元才是门槛，但毫无疑问，这不是创业公司能够持续负担的。

直播平台烧钱的除了人力成本以外，当属带宽成本。一位业内人士透露，提供带宽CDN服务1G收费1万~2万元，斗鱼每个月的数据传输量为几T，换算起来每个月仅流量成本就高达数千万元，一年下来要好几亿元。

映客创始人奉佑生和一直播创始人兼CEO韩坤都曾坦言，目前开销最大的当属宽带成本，一度占到成本的40%左右。因此，这种烧钱节奏不适合创业公司的产品节奏。

体育、游戏、音乐、购物，哪个垂直领域机会最大？

巨头们的纷纷介入和投资的趋冷根源在于目前直播领域通行的秀场模式：大公司看到秀场模式的正确性，认为通过开直播肯定可以挣钱，但大公司都极力地想从移动端秀场模式走出来，开发出新的商业模式。

而创业公司雷同的移动端秀场模式没有核心竞争力，自己做得比较艰难，投资人也会相对谨慎。

以逗播为例，这家南京的公司于2015年6月份上线了直播平台，因看到秀场模式的天花板，曾经尝试过做新闻直播、跨境电商直播、教育直播等，但最终选择了放弃直播平台，转而做VR内容平台VR800，转型后的业务得到投资人的青睐，而逗播直播平台则处于“放弃式”发展中。

“直播领域创业将近1年，现在复盘整个过程，你最大的感受是什么？”我们把这个问题抛给了逗播的负责人之一丁晶晶。

“走秀场模式活着很容易，但想发展得好或者说突破这种模式很难，至少现在还没看到明确的方向，大家做的都是秀场的变种。”

那创业公司真的没机会了吗？

我们采访了诸多业内人士，得到了同一个答案：垂直领域还有机会！

相较于已经得到多年验证的秀场模式和崭露头角的重度社交模式，垂直领域还未真正开发，是一片蓝海，因此潜藏的机会巨大。

这当中，游戏直播和体育直播，或许可以理解为广义上的垂直领域，它们的商业逻辑与目前主打秀场模式的移动直播完全不同，并且各自都产生了具有相当规模的公司。

当前，游戏直播已经走过“乱战”年代，目前仅剩的斗鱼、虎牙、熊猫等几家已经形成相对稳定的格局；而体育直播由于版权原因，腾讯（腾讯直播、斗鱼直播）、乐视（章鱼TV）等拥有版权的互联网巨头有更多胜算。

另一个案例是，从摩登天空走出的直播APP正在现场，因为有包括草莓音乐节在内的独家内容，也走出了自己的特色道路。

再比如，蘑菇街日前上线了“直播＋电商”功能，从目前的数据反馈来看，网红边逛街边推荐衣服，直播指导买家如何搭配、选购让销售额出现了一个小高峰，据悉在某次直播活动中，频道UV直接比平时增长了10倍，甚至一晚交易额可以破万元。

面向直播平台的内容生产则成为当下另一个投资热点。据了解，光圈直播还打算做一档类似于《侣行》的旅游直播节目，这一计划也得到了市场的积极反馈。

正是在这一背景下，一些垂直领域的网红也开始受到资本热捧，例如专注于汽车领域的网红YYP（颜宇鹏）前不久就获得了600万元投资，映客、斗鱼等直播平台也开始投入大量资金，引导用户产出多元化的优质内容。

未来，直播平台会不会也从UGC升级到PGC？这成为我们一直关注的问题。

08

粉丝狂欢

互联网时代的造星运动怎么玩？

粉丝在外界看来一直是富有争议的，有人认为粉丝都不太理智，有人认为粉丝成就了粉丝经济，是改变了娱乐消费习惯的存在。

但不可否认的是，随着粉丝经济的发展，众人都想从中分得一杯羹。这之中有利用粉丝进行宣传营销的影视项目，有为粉丝专门设置奖项的音乐榜单，有只针对粉丝的粉丝服务和交易平台，甚至有专门代理粉丝应援的相关产业链。

而这一切都说明了粉丝经济的力量。

这两年，随着TFBOYS、SNH48走红，我们突然发现，这是一个粉丝为王的时代。这些粉丝印证了，在互联网时代，一个明星的诞生可以脱离传统渠道，不靠电视台、不靠唱片公司，只要有粉丝买账，他就可以成为这个时代的偶像。

为此，我们深入粉丝群体，进行了一系列粉丝经济的相关报道，其中涵盖了粉丝生态、粉丝内部组织架构、粉丝心理、粉丝斗争、粉丝为王的甜蜜与危险、粉丝平台等多个方面。

越深入粉丝经济，我们越发现粉丝其实是一种很神奇的存在，他们并不像外界看起来的那样，其实，在很多时候，粉丝内部有着严密的组织纪律，各个粉丝圈也都有着各自的粉丝文化，他们怀着助力偶像的憧憬，做应援、做宣传，每年砸上百万元，对自己的行为有着明确的认知。

粉丝经济现在也开始被用到直播、网红等领域，或许，我们可以期待，粉丝经济还有无限可能。

SNH48总决选收入过亿元的背后：粉丝为王的甜蜜与危险

这是一场收入过亿元的总决选，偶像光鲜，粉丝狂欢。

2016 年 7 月 30 日，SNH48 第三届总决选在上海举行，前 48 名票数是 176 万票，较 2015 年第二届增长 252.47%，而每一张投票券，都需要用真金白银来进行购买。

不仅如此，总决选的收入还包括周边、握手会、合影、广告、直播等等，2015 年的总决选就已经收入过亿元，有消息称，2016 年的总决选收入相比 2015 年只多不少。

2005 年超级女声之后，SNH48 想要创造另一个粉丝狂欢的时代。但硬币总有两面，粉丝为王的时代带来的不仅仅是甜蜜，也伴随着危险。在偶像养成模式下，粉丝拥有绝对的权力，但是这种绝对的权力也会让偶像有恃无恐，成为其跟公司对峙的砝码。

她们的主场，她们的少女时代

“戴蒙，戴蒙”，镜头又扫了一下戴蒙，到最后一刻，我身边一位初中生模样的男同学还在向着舞台上喊他最喜欢的 SNH48

成员的名字，成员差不多都已经下台了，戴蒙是最后走的那几个中的一个，不知道她有没有听到这位粉丝在叫喊她的名字。

在上海梅赛德斯文化中心，这个之前才举办过B站粉丝节的地方，SNH48第三届总决选准时开场了，并最终以“四千年美少女”鞠婧祎凭借23万多票获得SNH48第三届总决选第一名落下帷幕。

总决选的结果并不出人意料，开场之前，我们问身边的粉丝们，他们预计第一名会是谁？他们都说是鞠婧祎，除了粉丝，还有知情人士向我们透露，其实公司这边也预料到会是鞠婧祎，而公司期待的是鞠婧祎的票数能够超过前不久日本AKB48总决选中“指皇”——指原莉乃夺冠时的24万票，不过最终鞠婧祎的票数没有打破日本指原莉乃的纪录。

如果细心一些，不难发现，当晚鞠婧祎是全场唯一一个没有戴头饰的成员，也许她早已预料到自己成为第一名的命运，等待着被皇冠加冕，而她的那首《女王殿下》的独唱也早早宣告了她的女王地位。

梅赛德斯文化中心的座位全部坐满了，全场观众都挥舞着彩色的荧光棒，像是彩虹色的星光海洋。

从第一首歌开始，全场占去了不少于一半人数的男孩子们就开始发出震天的呐喊声，每首歌都会有应援歌词，男孩子们的脖子上都挂着毛巾，卖力应援让他们出了很多汗。

当每一个熟悉的名字出现在屏幕上时，他们都会发出欢呼，会举起望远镜想要看清正在表演的某一位团员。几乎每一首歌都是快节奏的，每一组上场女孩子们都穿着彩色的裙子，妆容精致，发型俏皮，笑容可掬，像是一个个可爱的糖果，粉丝们眼花缭乱地寻找着自己喜欢的偶像，为她们卖力呐喊。

当短裙子的女孩子们背对着观众扭动，镜头聚焦在她们摇摆的屁股上时，全场的男观众瞬间肾上腺素激增，几近疯狂，看起来十分腼腆的男生也爆发出了泰山一般的吼声。

这是一场粉丝的狂欢。

这场SNH48总决选由东方卫视、腾讯视频、广东卫视同步直播，海外也通过 YouTube 进行直播。

5 首歌曲热场之后，主持人出场，东方卫视的林海已经是第二次主持 SNH48 总决选，搭档湖南卫视的沈梦辰，另外还有广东卫视的两位主持人，后来，SNH48 还有两个四人的主持小组分别出场了一次，和粉丝互动。

陆婷、赵粤、冯薪朵作为出场的第一个小分队带来的一首舞曲为现场带来第一个小高潮，而李艺彤带领第二个三人小队表演快节奏舞曲《新世界》时，全场热度达到第一个高峰，整场演出节目在小分队和大团队的交叉表演中进行，气氛起起落落，可爱风和性感风交替上演。

这场声势浩大的总决选由演出和公布得票两部分组成，演出的除了 SNH48 的成员们，鸟叔 PSY 也带来了最红单曲，和 SNH48 一起完成的改编版《江南 style》令全场沸腾。

整场演出下来，几乎每个女孩子都有镜头，偶尔有人走路不稳，偶尔有人词不达意，不过从表现来看她们十分习惯舞台，并不怯场，还能跟粉丝开玩笑，甚至抢了主持人的风头。

这确实是她们的主场，她们的少女时代。

170多万张
选票背后收割的粉丝红利

据知情人士透露，丝芭传媒已经实现了投票目标，而根据主持人公布的数据，166 位成员一共获得了 170 多万票，要知道，每一票背后都是真金白银。

首先，SNH48 每隔一个季度就会发行一张定价为 78 元的 CD，每张 CD 都附带 1 张投票券。在偶像年度人气总决选前，公司还会发行有总决选投票券的特定 EP，不同价格的碟内含有数量不同的投票券，其中最贵的是 1680 元的 EP，含有 48 张投票券，可以一次性大量追票。

其次，公司还推出微信电子投票方式，5 元钱可以投 0.1 票。据统计，2015 年 SNH48 年度总决选的选票金额超过了 4000 万元。

除了投票券收入之外，总决选的收入还包括微鲸 VR 和梦幻西游两家的冠名费，以及门票收入、广告等等。

内场看台的门票原价 798 元，场外黄牛那里也才 1000 元，不过有知情人士透露，内场前三排票价已经炒到了 8000~10000 元。之所以原票价没有定到那么高，也是因为门票收入并不是这场总决选的主要盈利点，对于丝芭传媒来说，更重要的盈利在于粉丝们买 EP 投票。

这些投票券、门票，都可以在“二级市场”进行交易。华泰证券研究所的一份报告称，SNH48 的粉丝自发建立了周边票务群。在群中，粉丝的交易标的包括但不限于演出门票、总决选投票权（一票 35 元）、丝瓜会员福利（生日祝福 1500 元左右、微博关注 3000 元左右）、丝瓜币（商城消费所得，用于兑换丝瓜会员等级、竞拍公演超级 VIP 座，兑换比例为 1：11 左右）以及生写真等周边。

交易还包括加价换购位置更好的演出门票、购买丝瓜会员然后分拆出售会员福利、购买 1680 元的总选投票 CD 分拆出售丝瓜币与投票权、购买只有丝瓜会员才能买到的门票加价出售给非会员、购买散装生写真凑成整套出售等。现在已经出现靠这些交易赚取一定利润的套利者。

在总决选之外，SNH48 平日里在星梦剧院的演出也给丝芭传媒带来了巨大的经济收益。

2014 年，SNH48 在星梦剧院驻场演出 215 场，同年所有的巡回演出 223 场，合计收入近千万元。除此之外，直播、商业代言和周边也是重要的收入来源，SNH48 的商业演出直播权卖给了众多视频平台，同时 SNH48 也做代言，周边产品的开发，包括道具、写真、纪念 T 恤、饰品等的销售也是一笔不菲收入。

但丝芭传媒 CEO 陶莺称，SNH48 并不是依靠唱片、演唱会、演出来进行盈利，而是以剧院为圆心，以对粉丝挖掘的深度为半径构建粉丝经济生态，通过剧院形成的流量入口在生态圈内分发流量从而实现价值变现。

目前 SNH48 已经成立了丝芭影视，女团在演出之外，开始接演各种电视剧、电影、综艺等。除此之外，丝芭集团还开发了自己的 APP 口袋 48，粉丝可以在这款 APP 上进行投票，在互动环节可以选择自己感兴趣的话题与偶像互动，陶莺说接下来会考虑做直播，让粉丝与偶像可以随时互动。

上一届 SNH48 总决选也是在上海梅赛德斯文化中心举办，不过2015年参与总决选的成员有73位，最终选出了前36位团员“入圈”，2016年这一届共166位团员参选，规模比上一届翻了2倍还多。

丝芭传媒CEO陶莺在接受我们采访时曾说，“我们原来决定每年选一次，比如最初是一年半选一次，从第二年下半年开始我们一年选两次成员”，目前SNH48的偶像养成已经选到第七期，也招募了00后的成员并且组成了分团。

在总决选上，成立SHY48（沈阳48）的消息也正式公布，并且公布了沈阳演出剧场落成的消息，之所以选择沈阳，是因为沈阳有着深厚的剧场文化。据了解，丝芭传媒还将在成都成立新的队伍。

陶莺说，“吸取SNH48当初走过来的经验，我们要把她们的成长期缩到最短”，缩短为半年，半年的时间里，剧场要能坐满。

粉丝们的加冕礼：粉丝为王

SNH48有一首经典的曲目《机尾云》，所有跳舞的女孩子都挥舞着毛巾，而台下的粉丝会用甩毛巾的方式积极响应。这次总决选《机尾云》并没有在歌单上，但是粉丝们依然都把毛巾挂在了脖子上。除了毛巾，跟自己心目中的偶像互动时粉丝们会有各种口号，而这些口号很多都是他们自己的杰作。

一位资深粉丝透露，SHN48刚成立的时候，他发现公司有运作艺人的动作，也就是用公司的力量来推某个艺人，这也使得粉丝们很不满。后来他找到王子杰反映情况，很快这个现象就改变了，粉丝成为主导，而他日后碰见了王子杰打招呼，王子杰还能认出他来并跟他寒暄几句。

在总决选上，不少成员都哭了，她们在舞台上对台下粉丝们说得最多的一句话就是“我们一起走下去”，SNH48 第一届总决选的第 1 名吴哲晗因为私联违反了团规被降级，当时她只拿到了第 23 名，想必她是感触最深的一位。

总决选结束后，我们和两个初中女学生小粉丝聊天，她们会买握手会的票去和偶像见面，哪怕只有几十秒的时间，她们也会跟偶像分享自己生活中发生的趣事，而偶像们也都会记得和她们的约定。

被选到前 48 位称为“入圈”，而这 48 位又分为 3 个层级，第 48 位到第 33 位属于“起飞组”，第 32 位到第 17 位是“梦想组”，第 16 位到第 1 位是“高飞组”，而高飞组的前 7 位又被叫作“神七”，前 3 位则是“御三家”。

层别不同，团员们收到的资源倾斜程度也不同，同时她们的工资待遇也不同。所有的资源分配都是按照成员的受欢迎程度，或者说是粉丝数来进行的。如果粉丝喜欢，成员的通告也会多，分成也会高，而剩下的成员则需要通过自己的舞台表演来聚拢粉丝，赢得出头的机会。陶莺说在丝芭传媒内部，这是一套非常透明和成熟的制度，90 后甚至 00 后的小姑娘的很有个性，不好管束，而真实的数据是最容易让她们服气的。

总决选当晚对于前 48 位团员来说是一场盛典。

而对于没有“入圈”的团员来说，总决选依然至关重要，“如果不参加决选，那么出头的机会就更加渺茫”，在整场演出的流程中，所有的成员都会一一亮相，她们的名字也会一一被叫到，“团员想要出头，粉丝的支持非常重要，而这体现在总决选中”“虽然会有高层、商务、经纪的个人喜好等极小的因素的影响，但是运营的资源倾斜很大程度上是以总决选为准”，有知情人士这么说，“SNH48 体系的核心就是粉丝经济，能吸粉就是本事”。

粉丝即是权力。

因为有粉丝撑腰，鞠婧祎能够参演电影、电视剧，李艺彤能够和宋仲基拍广告。同时位置越高，工资待遇也越好，新进团员的工资只有几千元，但是 top 成员的工资会是新成员的几十倍，甚至百倍。

在总决选现场，男女粉丝比例大概是 5 : 5，这也令人十分惊讶，陶莺告诉我们，他们做粉丝画像，发现粉丝结构每年都在变化，“最初粉丝年龄层比较聚集，在 20~25 岁，如今年龄段的上下边界都在延伸”，而无论是互联网数据还是剧场数据都显示粉丝中男女比例为 6 : 4 或者 5.5 : 4.5。

2016 年 SNH48 也开始做女性专场，“女性专场的门票 168 元一张，但在外面能炒到一千多元一张，翻了 10 倍”。

在总决选现场，有女粉丝看到自家的偶像“入圈”了，竟然失声痛哭起来。

事实证明，SNH48 并不只是男孩子们的偶像。总决选不只是一场偶像们的加冕礼，也是粉丝们的加冕礼，他们用选票证明了粉丝为王。

粉丝为王的危险：
偶像与公司对峙有恃无恐

事实上，SNH48 虽然沿袭日本模式，但是它与韩国的实习生练习制度也颇为相似，这样的偶像养成体制严酷而高效，它更像是另外一个校园，每个人都试图在这个群体中找到自己的位置。

这种严酷的偶像养成体制很容易造成偶像的逆反，粉丝们的爱恰好为偶像们“叛离”原公司提供了“庇护”，对于经纪公司和经纪团队来说，这是粉丝经济和粉丝为王可能存在的危险性。

丝芭传媒与日本 AKB48 分道扬镳之后，在管理和运营模式上，SNH48 有一套自己的规划。在管理模式上，日本各个地方分团交给不同的经纪公司，而丝芭传媒却保留着 SNH48、北京 48，广州 48 以及沈阳 48 各个分团的全部管理权。

虽说这样做丝芭总部可以把握住各个分团的发展以及风格，但是弊端也显而易见，这样规模的管理十分有难度，因为这些年轻的女孩子们偶尔个性叛逆，在团队规模迅速成长的同时，管理团队却跟不太上，以至于经纪公司和粉丝、个别团员闹了矛盾。

也许不熟悉 SNH48 的人都没有注意到，上一届 SNH48 总决选第 1 位的赵嘉敏今年并没有参加总决选，而之所以不参加决选就是因为她和公司闹矛盾。

知情人士说，赵敏嘉令丝芭十分头痛，因为是第二届总决选的第 1 位，所以公司各种资源都优先给她，但她以高三学业忙为由，拒绝参加公司任何演出，只要最好的广告和综艺节目资源，这次决选又以腰伤为由拒绝参加，“读高三的不只她一个人，公司花了 3 年时间培养她，即便她不参加平时的剧场演出，还要照旧给她发工资，连她的粉丝们也对她十分不满”，凭借赵敏嘉的人气，如果她参选，能够为公司带来千万元的收入，但是她没有参选，“资源都给了她，公司需要她出力的时候她却不见了”。

所以粉丝为王的后果就是，偶像在粉丝权力的加冕下甚至可以摆脱经纪公司，以 EXO 为例，鹿晗、吴亦凡、黄子韬的脱团一定程度上就是粉丝权力变大的结果，而李易峰的粉丝们要求其经纪公司开除其经纪团队更是为粉丝为王的危险性做了注脚。

另外，AKB48 之前的一大问题是偶像的人气两极分化严重，而运营方承诺按照排位投入资源，这与推出新人的初衷相背离。SNH48 显然也面临这样的问题，把所有的权力都交给粉丝的话，在丝芭面临来自粉丝威胁的同时，无法推出新人让这个模式良性循环下去。从“洗脚妹”（边缘位置）站到舞台中心的故事励志成分大于现实操作，不是每个女孩都能走李艺彤的路，还有很多女孩隐藏在鞠婧祎的光环背后。

阿里等19家粉丝互动平台大乱斗，粉丝生意真的那么好做？

电影《爵迹》的单人票房榜引发了粉丝们对导演郭敬明的群攻，而引发此次群起而攻之的战争的则是一个粉丝应援互动平台。

粉丝应援互动平台把握住了粉丝经济的命脉：聚集了全国大部分具有强消费能力和高活跃度的粉丝团，有些平台诸如owhat、偶扑等可以直接与各个粉丝站对接。

据调查，目前市场上的粉丝互动平台多达19个，除了比较老牌的贴吧、粉丝网以外，更加垂直的粉丝互动平台在2014年如雨后春笋般涌出。就在2016年音悦台改变定位成为粉丝服务平台，阿里入局砸下重金打造阿里星球，音乐产业也纷纷搭上了粉丝经济的这艘船。各种粉丝互动平台内斗早已打响。

群雄混战，但是这些粉丝平台大多处于同质化竞争状态，即便有巨头入场，也并未有任何一个平台称得上是此中的独角兽。同时，它们还不得不同时面临粉丝黏性不高，商业模式待优化，以及粉丝消费习惯未完全培养等问题。

但是面对粉丝经济这样一个不断被炒热，并且有未来可期的概念，这些平台似乎并不在意目前的困境，而是认为必须要进去试一试，闯一闯，试图占据粉丝经济中较为有利的版图。

但粉丝的生意真的那么好做吗?

粉丝平台的暗战:巨头入场,也死了一批

2016年4月15日,阿里星球上线,正式吹响了阿里星球进军粉丝经济的号角。

江围(化名)每天晚上睡觉前都会打开阿里星球,然后花10多分钟参与易烊千玺粉丝团的话题和应援活动,什么投票、话题、发图都来一遍,然后看到自己的阿里星球账号等级上升了才睡觉。

她告诉我们,因为阿里星球大战第二阶段的投票需要6级以上的账号。"我还加了个群,群里会发账号,然后我们就帮忙把账号升级,为了给易烊千玺投票。"在这次应援战中,她们粉丝团取得了第二名,成功赢得了5万元应援资金和多个推广资源位。

阿里音乐CEO宋柯在5月底的一次采访中曾透露阿里星球上线1个月,注册用户便达到100万人,其中30%是粉丝运营带来的新增用户。而在刚刚结束的阿里星球粉丝应援战中,阿里星球方面告诉我们,"活动中间统计的时候粉丝参与数已经达到400万人,粉丝投票数最高一天达3000多万张"。

事实上,在用粉丝经济助力发展的音乐平台中,阿里星球并不是第一个。BAT体系之外的多米音乐在2015年8月上线了一个粉丝应援互动平台——偶扑,以求用粉丝经济进行突围。多米音乐副总裁辜炜东说,多米能够获得光线投资,也得益于其粉丝经济

的方向设计。据了解，偶扑目前注册用户600万人，月活跃用户在100万人左右。

除此之外，很多创业公司也盯上了粉丝经济这块蛋糕。这些平台中有些活得很好，并获得了资本的青睐，比如Owhat目前月流水都在千万元级别，并且在2016年获得了多家机构的A轮投资，即将还要进行一轮战略资源的融资。但是有些平台却已经奄奄一息。

我们将上述20个粉丝类平台逐一下载进行体验，并从主观体验上进行了大致归类。

粉丝类平台大致分类	
综合类	百度贴吧
	阿里星球
	粉丝网
应援+交易	Owhat
	偶扑
	魔饭生
资讯+交易	星影联盟
	喂饭
	forfans
	饭友FOYO
资讯+直播	爱豆
	捕梦
纯资讯	口袋FAN
	Fans部落
	FANSBOOK
	饭团
	通星粉
	星发布
	超级星饭团

综合类中的三个平台背后都有强大的资源或者其他积累在支撑。主打应援+交易的Owhat、偶扑、魔饭生在粉丝平台中也较为

活跃，这三个平台的功能划分也非常相似，主要以应援、活动、商城、游戏为主，不同的是偶扑和魔饭生会有粉丝话题与资讯，而Owhat并不提供资讯。

Owhat创始人兼总经理丁洁解释说，“我认为，死忠粉不需要二手资讯，微博就够了”。基于这个认知，丁洁说Owhat现在不做资讯，以后也没有做资讯的打算，“我们的用户就在百万人级别，但粉丝付费意愿较高，月流水能够达到上千万元”。

但是，从资讯切入粉丝经济的平台并不在少数。不过我们发现大多流量都不如应援类和综合类。

打开饭友APP，商城可兑换商品不到20件，热门信息讨论量最多的不到100条，演出一共就4场，而且只是票务代理。据报道，2016年7月饭友卖票出现问题，饭友的解释是，第一次遇到这么大的订单量，线上系统的订单顺序显示存在bug（漏洞），然而订单量是300多张。

喂饭也类似，粉丝电影包场活动几个月才有一次，星踪服务延迟又不准确，明星周边售卖是外部链接，走微店和淘宝；饭团APP里TFBOYS官方拼写错误，写成TFBoys，而且和明星贴吧略有相似，活跃度和互动量低；FANSBOOK从首页就能看出有2万个左右活跃用户；Fans部落直接点进不去……

同质化竞争下的用户争夺战

即便我们将这些粉丝平台分为5类，但实际上所有平台之间都处于一种同质化竞争的状态，用户重叠度很高。

拿应援+交易类来说，Owhat、偶扑和魔饭生都是面向核心粉丝，都以粉丝站为主要服务对象。

Owhat由于早偶扑和魔饭生1年建立，具有明显的先发优势，但偶扑背靠多米音乐，基于多米本身的资源增长迅速。魔饭生相比之下略为逊色一些，因为一是起步晚，二是背后没有稳定的资源。

资讯类平台大多是面向散粉，受众范围更广，但忠诚度更低，也很难变现。例外的是爱豆TV现在已经有千万人级别的用户，音悦台也有用户数千万人，流量已经足够支撑变现的可能。

一个粉丝说，她手机里有将近10款粉丝类平台APP，而且每次都会花点钱。“因为有很多站子组织的应援活动，平时我没法参加，就参与众筹，也算尽了份力。”除此之外，她还会买一些站子或个人卖的周边，其他的平台APP则多是留着投票用。

在这种同质化竞争状态下，各个粉丝平台吸引注册用户主要有两种形式：补贴和投票。

补贴就是说粉丝在平台上发起应援或者参与平台活动时，官方对于参与的粉丝和粉丝团进行应援资金的补贴，或者直接发放福利。偶扑就做了类似的活动——应援加倍，多米音乐副总裁辜炜东透露这种补贴是很划算的，获取用户的成本不到10元/人。

投票可能是大多数平台都会采取的手段，有的是平台提供线上广告推广位，由明星的粉丝团投票获得；还有承接颁奖或者活动的独家投票资源。

阿里星球就发起过一场粉丝应援战——阿里星球大战。上百个超级偶像的粉丝圈参与到了这场激烈的粉丝应援战中，只为帮自家“爱豆”赢取全国30多个城市的超过3000块屏幕资源和17万元资金池应援资金。

阿里星球方面透露活动中间阶段时，参与活动的粉丝量已经有400万人，其中粉丝投票数最高的一天有3000万张。“除了拉更多粉丝以及提升DAU（日活跃用户量）以外，我们主要还是为了探索粉丝经济如何与电商结合起来。至于投入，其实没有太多，这次活动的3000多块广告屏都是入驻了星球平台的广告商投入的资源，我们只是花了一些运营和推广的费用。”

2016年10月份，阿里星球还推出“零花钱大作战”，平台会提供一笔经费，放入平台的资金池，然后粉丝团每天可以来抽取“红包”，当某个粉丝团抽到的金额满2万元后，就可以提现出来做粉丝应援费用。这也是一种类似的逻辑。

此前，音悦台曾经在“728粉丝节”时举办“向全世界安利你的偶像”活动，让粉丝为自己的偶像定制文案，并通过投票方式“占据”地铁站内的广告牌。此次活动参与攻占的艺人超过700位，而参与投票的粉丝超过340万人，在微博上的话题总量达180亿条。

偶扑也在2016年3月份承接了音乐风云榜盛典的独家投票，吸收了200多万个注册用户，吸引了1600多万人次的投票。

各个平台如此费心费力吸引用户，但还是要面对一个问题：粉丝黏性。粉丝都是以自家偶像利益为重，对平台的忠诚度不高。

多米音乐副总裁辜炜东说，活动期间，粉丝次日留存率可以达到80%，但活动结束后就是悬崖式跌落。偶扑事业部总经理策俊义认为其实从产品的角度理解，粉丝忠诚度是高的，要留住粉丝，最主要的是得做到产品和运营的优化，要有持续的运营活动。

不过粉丝站对平台的黏性比单个粉丝要强很多。一个资深粉丝站就只选择了Owhat作为常用平台，这位站长告诉我们，对于粉丝站来说，什么最方便，什么能带来应援效果最大化，他们就会选择什么。本来就只能靠微博碎片化经营，在太多地方留一个窝，对于粉丝站来说既降低权威性也分散注意力。

所以，其实粉丝与粉丝站是两种不同的用户，平台若以粉丝站为源点不仅可以提升粉丝黏性，还可以进行散粉扩散，服务也更垂直；平台若是以散粉为受众，受众范围是扩大了，但非常考验其粉丝运营能力。平台怎样选择受众，可能直接导致后续发展方向的不同。

粉丝经济
变现各有其招

2015年是粉丝类平台的爆发年，但是能够持续盈利的却是少数，有部分至今都没有找到盈利模式。

那么现在有改变吗？

目前粉丝类APP虽然还是处于商业模式探索期，但已经有了较为清晰的商业模式设计。

偶扑的商业模式应该是最典型的，目前和未来的商业模式至少包括了会员体系、线上增值服务、线下票务销售、明星周边产品、精准广告等。目前在会员体系、线上增值服务、线下票务销售等方面，偶扑均已取得营收，其中票务收入占据收入比例最大。除此之外，多米音乐副总裁辜炜东认为，粉丝经济是整个泛娱乐经济中十分重要的一块，而且也是在线音乐商业变现的好出路。

不过，据辜炜东介绍，目前偶扑一年的投入在2000万元级别，现在的收入还少于成本，“先让利粉丝，把盘子做大，2017年应该可以持平”。

Owhat则代表了另外一种粉丝经济变现的可能：从B端盈利。Owhat通过服务粉丝积累了粉丝站资源、粉丝运营经验，然后运用于大型娱乐项目或者偶像新人的粉丝运营。

据Owhat创始人丁洁介绍，Owhat还有一个更重要的任务，那就是进军服务行业，她们目前已经形成了一整套针对新人的粉丝运营模式。“首先我们在Owhat上积累了一大批有粉丝管理经验的人，然后让这些有经验的人去搭建粉丝架构，建立初期的后援会、应援站、资源博和其他不同功能的粉丝团；接着就是提炼偶像的吸粉点，大量生产内容，利用生产出来的美图、音频、视频、漫画等进行吸粉和安利，进行初期的粉丝原始积累；最后，在这个架构下，粉丝就能自发系统独立地运营了。”

《超级女声》的粉丝运营便是Owhat的一次成功试炼。比赛结束后，张晓钰甚至是唯一一个粉丝自发帮她众筹做EP的选手。丁洁介绍说，她们给张晓钰建了4个粉丝组织，包括官方后援会、个站、视频资源站和一个CP站，经过前期的引导和运营，张晓钰不仅完成了偶像的养成，也完成了粉丝的养成。张晓钰的粉丝数量已经从一开始的0人变成了50万人。

综上，粉丝平台有以下几种盈利来源：

①最常态也最靠谱的盈利其实就是票务收入；

②明星周边则最被看好，但市场不够成熟，且要解决很多授权问题；

③利用粉丝流量引入广告是比较广泛的做法；

④阿里的“电商+粉丝”模式依靠着平台优势，不担心变现；

⑤粉丝平台的数据也可以提供给行业进行盈利；

⑥toB做粉丝运营也是变现的一种可能。

粉丝平台的下一步

做粉丝经济看起来没有门槛，但实际上门槛很高。想要在竞争激烈的市场中活下来，至少要有特色功能、粉丝资源、明星资源、资本投入之中的一个，并且深谙粉丝心理，粉丝经济无疑是门好生意，但你得懂才行。

对于目前粉丝平台之间的暗战，平台自身其实并不担心：“连阿里这样的巨头都进入这个市场，这对资本市场还有粉丝都是一个很好的引导；粉丝经济是个重运营的事情，很难有一个平台出来独占市场。”丁洁这样说。

当然，同质化竞争太激烈也会造成资源浪费、消耗粉丝精力。上文中提到的用户体验较差、资源不足的平台，我们认为应该尽快做出选择：做出改变，或者退出市场。事实上，这些平台还是把思路局限在了线上，如今票务公司个个赚得盆满钵满反映了线下的强劲的市场表现，与其守在线上市场中打消耗战，不如去线下蓝海市场淘金。

09

网生江湖

探索中国的Netflix模式

2016年年初，我们曾发布过《2015纯网内容新世界》白皮书，对2015年网络大电影（以下称网大）、网络剧、短视频等在市场中的发展进行过一次系统梳理。

然而目前看来，我们发现已无法再用“网生内容”来全面概括：

就拿网络剧来说，我们如今已很难分辨其与传统电视剧的差别。动辄上亿元的成本、单集过千万元的价格、一线卡司与精良制作，使得网络剧已经完全占领了90后青春市场；不仅如此，此前靠烧钱抢占内容的视频网站平台，也纷纷凭借自制剧反向输出到卫视，比如《芈月传》《翻译官》《老九门》等，从网台联动到先网后台，爱奇艺、乐视、腾讯等的话语权与日递增。

与网络剧的蒸蒸日上相比，网大的年度关键词也许是“动荡”。经历了2015年的野蛮生长，2016年是网络大电影市场的洗牌期，平均制作成本从几十万元激增至100万~300万元，千万元级别的网大开始出现；而与2015年50%左右的回本率相比，今年赚钱的项目可能不足20%。

视频平台的补贴没有了，更严苛的评分和分账制度出台，监管尺度一再收紧……网大市场的马太效应开始显现：七娱乐、新片场、淘梦网等提早入局者，在内容与宣发方面均形成一定资源壁垒，有的通过网大孵化IP，走向院线，有的则获得大公司青睐；而成千上万个小作坊式的团队，恐怕要在门槛越来越高、年出产2000多部片子的残酷竞争下惨淡离场。

2016年也被称为短视频元年，邱兵、李径宇等传统媒体人带着澎湃的新闻理想，扎进短视频的大网中；秒拍、美拍、今日头条等渠道逐渐向短视频倾斜；与此同时，你发现隔壁屋对着电脑做三明治的妹子……也在这波PGC浪潮中成为资本追捧的网红。

然而高流量难以为继、用户审美疲劳、变现模式单一等问题，也在阻碍着这个行业的发展。焦虑成为每一位短视频创业者的心病，转折与机遇也同样守候在不远处。也许在未来，随着更多新人涌入这个行业，作为平台与内容方中介的MCN有望乘机崛起。

面对激烈竞争，几家欢喜几家愁，谁会是网生内容领域笑到最后的人？

2000部片子抢10亿元盘子，2016年网络大电影市场进入洗牌期？

“我跟你实话实说啊，今年的2部片子弄得我都快成抑郁症了。”面对2016年的网络大电影市场，网大制片人剑伴这样感叹道。

2015年小试牛刀尝到甜头后，剑伴趁热打铁又开发了2个网大的项目，但令他没有想到的是，市场上网络大电影的基数已由2015年的六七百部激增至两三千部，而播放平台还是那几家，

“竞争不是激烈，是惨烈”。

剑伴说：“这样形容一下，网大市场就类似于一群人在河边淘金，早期挖到金子的人确实不少，但后来很多人都知道这里有金子，都来挖，洞越来越深，逐渐有些人就上不来了。”

网络大电影市场的兴起，源于那些用几十万元撬动上百万元票房的诱人故事。而如今故事似乎不再动听，那些满怀雄心壮志许下一年投拍百部网大的公司，在片子上映接连遇冷后甚至没有做10部的勇气。“网大市场整个盘子也就是10亿元。”奇树有鱼创始人、曾经创立呱呱视频的董冠杰说，“我上一家公司，自己一年就能做10亿元，这个市场竞争很残酷。”

一些人扼腕叹息，另一些人则踌躇满志。就在2016年6月底，欧洲杯如火如荼进行时，前《天下足球》栏目解说、如今的北半球CEO王涛，在北新桥的熊猫精酿酒吧与朋友们为7月初上线的网大《约吗？托雷斯》举杯相庆。

“电影这个行业原本是一个十分稳定和坚固的圈子，外行人挺难走进去的。”谈起拍电影的经历，王涛不胜唏嘘，“而现在很多网络大电影，和院线的中小成本电影其实已经没有太大差别。这个时代给了我这样的新人一个机会，让我们去推动中国电影更加平等地发展。”

出局者VS入局者：网大是万年深坑还是康庄大道？

“我是从2015年春天才开始接触网络大电影的。”我们联系上剑伴时，他正有一肚子苦水想要吐槽。

传统影视制作人出身的他，在帮朋友拍网络大电影时发现其制作周期短、回本快，所以拍完后自己也试水投资了一部当时正热门的僵尸片，那时“确实赚钱了，2015年秋天上映，点击量有七八千万次的样子，在2015年的网大票房排行榜上排名很靠前”。

2016年则没有这么幸运。剑伴2015年制作的2部片子2016年相继上线，一部搞笑动作片，在爱奇艺上的点击量只有十几万，底下寥寥的评论褒贬不一。2016年爱奇艺更新了网大分级规则，非独家内容由原来的1.5元/次有效点击降至“5毛档”，这大大压缩了那些网大制作小团队的盈利空间。

痛定思痛的他总结了几点原因：“2016年网络大电影的数目，保守估计也在3000部以上。网站一天上十几部片子，但会员数是有限的。早期不少的片子质量观众并不认可，这就形成了透支消费，好比我们买苹果，买到的烂苹果居多，那下回就不买了。可以说，目前这个市场观众越来越少，而片子越来越多。”

“其实这个行业的发行渠道已经被垄断了。”剑伴认为，“视频平台一共就这么几个，片子多了难免就会上映不了，甚至有拍出来的作品全被拒的情况。现在小的公司或者个人拿着片子根本就发不出去，扔到平台全都“死了”，只能通过比较强势的公司去和平台对接，这样还有点希望。”

他甚至开始怀疑网大本身的定位：“从时长和制作周期上看，网大和电影的节奏不同。在我看来，网大就不是电影，应该算是网络视频产品。”

就在剑伴有意退出这场网络大电影市场混战的同时，入场的人依旧很多，还有不少自带资源。比如《约吗？托雷斯》的导演王涛，不仅通过前体育频道主持人身份积累的人脉，亲赴西班牙搬来万千少女喜爱的“圣婴”托雷斯，还邀请了足球解说董路、歌手王啸坤、凡客CEO陈年等一干好友在电影中出镜捧场。“都是哥们儿。”王涛看似轻松的一句话，就为电影省去了不少成本。

尽管由于在海外拍摄，这部电影的投资超过了王涛既定的100万元预算，但据他透露，已经有很多赞助商上门合作，影片投资在后期就有了部分回收。再加上与大有影业合作出品，以及爱奇艺的独家发行，《约吗？托雷斯》想要回本应该并非难事，而自认付出120%努力的王涛，更希望通过自己的片子来颠覆人们对网络大电影就是粗制滥造的认知。

“我们之前也赔过一些片子，走过很多弯路。”在电影首映式上，大有影业CEO马李灵珊很坦率地说，“但现在通过对市场的了解，我们越来越相信，网络大电影未来会成为中国电影甚至是世界电影的一个发展方向。网大不是一条捷径，但它是一条大路。”

异军突起者：互联网发行也有门槛，将会有一批公司倒下

剑伴口中那些强势的网大公司，不仅有早期的淘梦网、七娱乐，也有像映美传媒、奇树有鱼等在2015年网大混战中异军突起的公司，《乒乓侠》5月份独家登录腾讯视频，点击率已突破5000万次，被认为是国产特效片的良心之作。

成功的秘诀之一也许在于紧跟热点。像《月亮的后裔》《再

见美人鱼》一类靠名字来蹭院线电影IP热度的例子早就不再新鲜，追求热门影视剧联动成了新的趋势。比如因为《余罪》的热播，映美传媒马上请来网络剧原班人马拍摄网络大电影《站住！狗东西》。“这是一个全新的黑帮故事，《余罪》中的男二在电影里将出演男主角。”高锐说，“我们的制片人就是《余罪》的制片人，网络剧版导演在这部戏里担任监制。”

题材的多元化也是网络大电影发展的必然方向。高锐说，2016年映美传媒出品的片子将涵盖科幻、动画、玄幻、都市爱情、乡村喜剧等等。“其实我们并不看重哪个类型，而是看我们有什么资源能够配合它。比如现在公司有一些赛车手，那么我们就可以拍摄一部赛车竞技的片子。网大要想赚钱的话，控制成本和资源调配很重要。”

这些变化得益于投资成本的水涨船高，价格暗战甚至让2016年的网大市场多了不少特效片，这对于同等体量的院线电影来讲等于天方夜谭。“院线涉及明星、剧本等成本以及要面对过审压力，不可能用几百万元拍出玄幻电影，而网大却可以把大部分投资都用在后期制作上。”

“今年网大的制作成本普遍在100万~150万元，我们现在最高的投入，比如《猎灵师》达到了600万元两部，这还是套拍的价格，如果拍摄单集价格会更高。”高锐感叹，“网大投资越来越多，慢慢地，行业壁垒就垒起来了。2016年的网大数量可能比2015年多了四五倍，肯定会死掉一批。”在他看来，2015年即使是一些悄无声息上线的网大基本上也能回本，而2016年第一季度的时候回本的网络大电影已经减半，到第二季度就更少了。

到头来，能够屹立在网大市场而不倒的，似乎只有长期盘踞网大票房排行榜前几位的那几家公司。“比如七娱乐、新片场、互联网电影集团，它们做的时间长，更了解网民的思路，也更熟悉行业规则。”高锐坦言，“这个行业的竞争壁垒，在有形和无形之间。”

比如互联网发行。“都说互联网发行是没有门槛的，但我认为没有门槛的东西往往是最有门槛的。”他意味深长地表示，“尽管平台会说，你们不用找任何发行方，直接找我们就行了，但实际上片量那么大，平台数量却有限，实际发行时就涉及很多东西，比如人情关系、之前片子的口碑、调用资源的能力等等。”

对于网大市场进入洗牌期的观点，高锐认为由于好多项目要压在下半年发，还没有到最后的回收结账期，很有可能到年底或者明年年初，一批公司将会应声倒下。“资源一定会集中。做内容的公司永远是头部资源，具有绝对的优势。可能会有些还不错的独立制片公司偶尔冒出来，但要长期保持水准，需要底子打得很厚，各项能力都很强。”

相比于映美传媒在发片上的谨慎，奇树有鱼的特色是只争朝夕，这使它在创立不到一年的时间里成为市场内排名靠前的网大宣发平台。半年内签约发行50部网络大电影的速度已经令人咋舌，而奇树有鱼的创始人董冠杰说：“我们下半年出片量还要提升四五倍吧，整个团队每天要忙到凌晨两三点。”

董冠杰认为，目前网大市场进入了较为残酷的淘汰期。“很多认为网大能够赚钱的公司，包括一些2015年还和我们有过合作的，目前都已经离场了。”他感叹，“没办法，这个市场变化很快，制作成本上去了，参与团队也多了。”

在他看来，奇树有鱼进入网大市场的时间还不算晚，而现在进入就要困难得多。“这个市场容量其实很小，四大视频平台一年能推荐给观众看的片子也就是300多部。2015年市场还比较饥渴，只要发上来的大家就会去看，据我们监测回本的片子有40%~50%。而2016年一下要出来2000部片子，再加上观众口味提升很快，能回本的大概只有10%，很多人被忽悠进来，打个酱油就又走了。”

在董冠杰的规划下，奇树有鱼的长远目标是打造全产业链，但2016年上半年主要专注于内容投资和宣发。建立宣发壁垒的关键其实并不在于与视频网站的关系，更重要的是具有持续不断供应优质内容的能力。让董冠杰引以为傲的是奇树有鱼内容团队对于片子的判断能力很强，这得益于合伙人刘朝晖拥有18年在传统卫视的制作经验，后来又在互联网行业进行了2年多的转型。通过团队在海量阅片的基础上建立的评级机制，只有达到A级水准以上的片子才会发行，“成功率很高是因为淘汰率更高，我们只踩着头部内容去做”。

当问到公司宣发上的优势，董冠杰笑道：“诀窍也说不上，说白了就是别人不敢干的事情，我们干了。”比如发行网络大电影《末代天师》，成本只有100多万元，奇树有鱼在宣发上却投入了200多万元，其中有一半的钱花在了微信朋友圈广告上，“越好的片子，宣发上越要使劲投入”。

关于奇树有鱼的未来，董冠杰认为一定会是继续拓宽产业链。至于院线电影，他表示目前可能只会参与，不会触及制作，“毕竟这不是我们擅长的，对市场还是要有敬畏之心”。

守局者：
我们替玩家试水千万元级别网大，就算失败了也是好事

在兴起只有几年的产业之中，七娱乐已经算得上是网大公司中的老牌。在2016年的网大票房排行榜上，七娱乐出品的电影占了前10部中的3部，并且把《山炮进城》《超能太监》等做成了系列品牌，但即使是这样，它也并不能高枕无忧。

作为业内人士，七娱乐创始人张斯斯能够深刻感受到这一行业的变化：“2016年的片子太多了，市场其实有一个需求量的上限，我觉得一周能火一部片子都很不容易。”当问到标准时，她想了想说：“能拿出手怎么也得超过3000万次点击量，还是在不刷点击量的前提下。”

作为网络大电影行业的较早入局者，七娱乐也经历了不断试误的过程。第一年拍了十几部片子都没赚钱，但赚到了经验，这使它在面对如今的激烈竞争时显得更加游刃有余：“公司的最大优势是网感。我们的员工就是看网络大电影的那批受众，因为接地气所以更知道网站观众爱看什么东西。”

成立2年多后，七娱乐从最初的满盘皆输实现全盘盈利，离张斯斯希望做网大领域的华谊兄弟的目标似乎近在咫尺。当多数公司仍在为制作网大而培养网感时，七娱乐已经通过投资收购，逐

渐建立起从电影制作、宣传发行，到艺人经纪、造型服化的内容产业链条。

2016年《山炮进城2》和《超能太监》上线并稳居网大票房排行榜前列，七娱乐却放慢了作品产出的速度。“2016年的片子基本堆在下半年上映。”张斯斯解释说，“因为现在随着制作成本增加，拍摄周期也变长了，像《机甲神七》的后期就得做半年。”

在张斯斯看来，如今网大已经进入市场洗牌期：“很多公司都往里面投钱，而真正能拿到钱的公司非常少，这种状态可能会持续1年。到2017年这个时候，该赔的也都赔了，盲目投资的公司也逐渐有了自己的判断力，摸清套路了。”

在快速变化的市场里大浪淘沙，每个人都有可能会是下一个出局者，走精品化路线成了七娱乐“守住江山”的关键。

2016年七娱乐计划制作的20多部网大，成本基本在300万~1000万元，其中与华谊合作的科幻片《机甲神七》是投资最高的一部，光特效就花了500万元：“我们的好几部片子已经突破千万元票房，这次尝试千万元级的投资，也算是替整个网大的生态试水，如果成功了，未来可以继续往上加大投资力度。”

网大市场如今并不缺钱。上到传统影视行业大佬，下到独立制作团队，大家都一股脑往里扎，导致网络大电影市场制作团队和成片水平参差不齐。

“我们也做发行，但2016年除了自家之外的片子，盈利的非常少。”这一年来，由于找不到发行平台，通过各种人情关系递到张斯斯面前的烂片不胜枚举，“这不是一个拼关系的年代，资源只是背书，还得看作品。网站并不会因为和谁家关系好而偏向谁，你的内容流量好，位置自然就好。”

“有很多传统影视公司的大佬要进入网大领域。”在采访接近尾声时，张斯斯有些感叹，“2016年大洗牌嘛，说不定明年你再采访我的时候，就会有比我们更牛的公司了。”

网络剧反输电视台成新主流！《琅琊榜2》《盗墓笔记2》背后是视频网站大逆袭

如果之前视频网站仅仅是内容渠道方，那么现在视频网站完成华丽转身，已经开始侵入内容制作的上游。

回想起以前买内容的时代，合一集团总裁杨伟东曾经感叹：“很悲惨，尤其是剧集，买完之后不知道什么时候播，电视台不播我们就没有办法播，没有办法做植入，也不能按照我们的想法去定整个剧的主题，演员、导演、团队主创都不是我们定的，播放时间无法控制，就没有办法在里面进行商业化植入，向用户收费就更不可能了。过去我们没有制作的能力，只能买买买。”

视频网站的“悲惨世界”已经成为过去，现在视频网站不仅开始做自制剧，还开始侵入影视产业的上游制作环节：除了定制和自制，还会采用参投、“保底+分成”等方式与制片方建立合作关系，以参与头部内容的相关产业开发、收益分成，而电视台则成了内容输出的渠道方。

值得一提的是，视频网站目前已经都有各自的发行团队，负责和电视台沟通，对于主控的项目一般都会参与发行，并且从品牌、版权等各方面获得收益；对于非主投主控的项目则一般是制片方负责发行，视频网站极少参与。

目前，以爱奇艺、腾讯、乐视为典型，视频网站正在用各自的方式将触角伸向影视行业上游。

定制和自制：
4部网络剧接连反输电视台，但反输绝不是目标

《他来了请闭眼》《老九门》《九州天空城》《如果蜗牛有爱情》，网络剧反输电视台好像成了一件改变行业的大事。

但其实称“反输”并不准确，因为据观察，电视台在这个过程中是主动参与进来的。爱奇艺影视版权中心负责人张语芯也认为这其实说明电视台的渠道慢慢在打开。

《他来了请闭眼》的出品方除了搜狐视频、山影、正午阳光，还有SMG尚世影业；《老九门》在筹备阶段就已经与东方卫视接触；《九州天空城》立项之时，企鹅影视就开始与江苏卫视进行紧密合作……

就如上面所说，一方面头部网络剧日趋精品化，电视剧、网

络剧统一审查标准政策，消除了网络剧在电视、网络双平台联动播出的壁垒；另一方面，各大一线电视台开始布局周播剧，追求年轻化，电视台把目光投向精品IP网络剧，实在是再自然不过。

对于视频网站来说，反输到电视台也绝对不是终极目标，毕竟视频网站定制和自制剧的主要责任还是拓展会员。

看一下这4部剧的排播方式：《他来了请闭眼》开播时在搜狐视频上需要成为会员才能看全集，《老九门》《九州天空城》会员可以抢先看4集，《如果蜗牛有爱情》会员可以抢先看3集。视频网站还会同步更新相关纪录片或花絮。

目前来看，视频网站与电视台合作，通常采取非会员同步跟播，会员提前看的方式，不过这种方式对电视台的收视率来说还没有造成太大影响，反而是借助周播剧提高了平均收视率。

以《老九门》为例，爱奇艺VIP会员能每周抢先看4集，充分满足了VIP会员提前观剧的心理，让粉丝“先睹为快”，拥有“剧透”的优势，利用舆论助推电视剧的收视率。而每周更新时的台网同步以及全网跟播再次增加了电视剧的关注度，既能实现用户覆盖互补，又能实现台网的互相导流。

不过随着视频网站会员基数扩大，付费习惯养成，这种排播方式势必会对视频网站更有利，是否会抢占电视台市场，我们还不得而知。

这类定制和自制剧通常都是由视频网站主投，所以版权方面并不需要再支付一笔款项，当然，联合出品方或制片方需要同时享受收益。

所以，《琅琊榜2》成为爱奇艺定制剧一度让人意外，毕竟之前未拍先火，版权费被传单集为800万元，根本不愁后续。而据爱奇艺张语芯透露，《琅琊榜2》确实为爱奇艺定制，并有可能按《老九门》的播出方式播出，但投资比例并未告知我们。正午阳光发行人员说，目前与电视台方面的合作也正在磋商中，需要与爱奇艺的需求达成统一。

除了《琅琊榜2》，爱奇艺明年的定制剧《蜀山战纪2》《射雕英雄传》也有望与电视台合作。

参投：

合同签两份，“亲兄弟”也明算账

与视频网站定制和自制剧不一样，参投其实是在版权合作的基础上再签订投资协议，然后按投资比例进行分成。

根据业内人士介绍，这一类的合作通常需要签两份协议，一份是版权交易，一份是投资协议。通常影视公司都是与视频网站确定好新媒体播映权后，再视情况开放一部分投资份额给视频网站。

而且由制片方主投主控的项目，视频网站基本不参与发行，但可以享有与项目相关的所有收益。

以《亲爱的翻译官》为例，“乐视占总投资的30%，所有跟这部剧有关的收益我们都能回收30%，包括乐视付给这部剧的新媒体版权费、海外发行费等。刨去招商成本，广告植入也能回收30%。此外，这部剧为乐视带来的广告收入和会员收入，以及内容营销带来的硬件收入也非常可观”。乐视视频副总裁高飞说。

从制片方的角度来说，一个好的影视项目，开放投资份额其实相当于是让利，所以通常情况下视频网站的平台影响力、用户规模、推广资源和渠道都成为考量的标准。而对于视频网站来说，参与前期投资也是有风险存在的，所以大多会选择业内优质团队来合作，降低风险。

视频网站与制片方一起玩，并且关系越来越好以后，自然而然地就会开始绑定。

2016年10月，据星美联合发布的公告，欢瑞世纪与腾讯签订了《投资摄制协议》开展大剧战略合作，即“欢瑞付费打包”项目。

协议约定，自2017年1月1日至2019年12月31日，欢瑞世纪与上海腾讯每年合作拍摄8部电视剧或网络剧，每年投资拍摄总集数不低于256集。欢瑞世纪拥有影视剧的一切知识产权、全部完整著作权以及其他权利，上海腾讯享有投资收益权及署名权。同时腾讯视频将为欢瑞世纪在平台首页建立及推广欢瑞影视专区，并收取专区会员费，双方共同享有该项目影视剧会员收益。

我们之前分析过，欢瑞世纪2017年的4部IP剧《青云志2》《盗墓笔记2》《十年一品温如言》《大唐荣耀》承包了安徽卫视和北京卫视整整1年的周播剧，还有可能会以“欢瑞剧场”的概念推出。这4部剧也都由企鹅影业参与出品。

欢瑞世纪副总裁姜磊讲，欢瑞将与企鹅影业联合投资，除了保底的版权收益以外，还将与腾讯方面进行联合招商，共享会员、贴片等收益。

“自从《盗墓笔记》开启会员付费时代以后，视频网站就致力于扩大会员规模，一个好的影视项目确实可以吸引会员，但如何持续留住会员才是难题。欢瑞世纪与腾讯的合作就是在尝试统一剧目风格，通过持续的优质内容供应来解决这一难题。”姜磊认为制片方和视频网站合作有利于把整个盘子做大，这样共享的收益也会更多。

除此之外，欢瑞世纪此举还将大大增强其持续盈利能力，也为欢瑞世纪在重组时做出的业绩承诺提供了有力的保障。

除了欢瑞，企鹅影业还牵手了唐人、慈文、南派互娱等知名影视公司。另外据业内人士透露，腾讯与一线卫视也有类似的绑定合作，而这种绑定合作越来越成为趋势。

保底+分成：
《遇见王沥川》后乐视的新尝试

与上述两种方式最大的不同是，“保底+分成”的意思是不参与前期投资，而是在购买播映权时，通过出让一部分播后利益以较低价购入内容版权。

据了解，乐视视频最初是以版权交易的形式买下了《遇见王沥川》的视频平台独播权，该剧版权费用也是一般的电视剧市场价格。因为市场环境的发展变化，乐视视频也希望能够调整平台的战略和规划，后来才与《遇见王沥川》的制片方协商达成“保底+分成”的新模式。

乐视视频副总裁高飞解释：“我们把版权费直接变成这部电视剧的保底金额，也就是说除了最初的版权费用，后期还会根据播出收益再进行双方分成。”

乐视视频会根据会员收益以及非会员的广告收益进行结算，在除去已经交付给出品方的版权费用之后，剩下的收益再进行双方的分成。据悉，双方最终会按二八的比例分成，即出品方20%，乐视视频80%。

关于双方的分成，高飞说并没有固定的比例。“如果和制片方达成零保底的协议，那么就把绝大部分利益分给制片方。或者高保底，增量部分就少给制片方一些分成。”从《遇见王沥川》的分成比例来看，双方合作应该属于后者。

这样的合作模式，其实在一定程度上避免了一锤子买卖的风险。这种模式相对于以往买断版权来说，是一个相对浮动的机制。它能够让平台和制片方都具备灵活性，双方可以和该剧最终的收益紧密关联。

不过，在我们看来，这种模式无异于“空手套白狼”，虽然将视频网站与制片方的利益绑定，共担风险，但在头部内容版权争夺战中，或许动手太晚，对制片方来说不确定性也会相应增加。

一切为了会员，
中国版Netflix还在路上

“如今的视频网站难道不是很像电视台吗？电视台从‘一剧四星’到‘一剧两星’再到独播，视频网站则是从全网播出到两个视频网站播，然后现在慢慢独播，其实发展轨迹很像。”

欢瑞世纪副总裁姜磊认为视频网站往影视产业上游走其实是一个必然，想要持续扩大会员收入，在这场“军阀割据”中胜

出，就必须以优质内容为基础，大刀阔斧地做出一些改变。“大家都在寻找突破。”

确实，视频网站的会员数量正在增长，会员付费业务已经成为各家视频网站的重要商业模式之一。就像上文一直提到，无论是视频网站还是制片方都希望能够在会员收入上分得一杯羹，这是必然的。

但是与之矛盾的是，国内的视频网站还尚未培养出自己的粉丝，人随剧走还是一个很常见的现象。视频网站还需要依靠争夺有限的头部作品来确保将更多数量的用户留在自己的平台上。所以视频网站如此大手笔抢夺头部IP内容也只是顺势而为。

不过，这2年在几大互联网公司的扶持下，视频网站纷纷参与内容制作，甚至开始介入顶级头部内容的制作，掌握了更大的主动权。爱奇艺首席内容官王晓辉表示，爱奇艺2016年自制内容超过60部，同比增长200%，并且网台同播甚至先网后台的模式也开始出现。

“为什么要投资？因为我们对很多头部项目的把控更强，我们的投入参与比电视台更加深入，也更早。所以先网后台、网络独播等模式成为可能。这样的结果是，第一，可以实现收费会员，第二，可以与商业伙伴联动，第三，我们可以控制很多内容的排播。”杨伟东表示。

总结来说，视频网站投资电视剧是一种大趋势，也有其必然性，因为单纯采购成本太高，而且播映结束后视频网站也无法参与其他的衍生品开发和收益共享，因此投资参与好项目，成为共同出品方，一方面有利于进一步掌握头部内容品牌资源，另一方面也可以实实在在地享受更多收益，同时因为有投资收益，所以同时发生的版权采购行为也相当于价格上打了一定比例的折扣，这是视频网站非常愿意做的事。

而当视频网站真的形成一整套完整的影视产业链的时候，又是什么光景呢？或许我们可以拭目以待，下一个Netflix究竟会是谁。

短视频江湖：新达人崛起，微博借秒拍转型成中国YouTube

如果说之前玩PGC的都是以影视为主，而现在，这里成了达人的江湖。

看一眼秒拍2016年8月原创影响力榜，可以发现在前50名中有90%都是区别于传统视频平台的新面孔。比如ZACKSHAO摄影师，还有铁馆教练、精分少女蛋蛋酱、三口儿看片儿等等。

这些视频主并没有在传统视频平台开辟专门频道，运营的重点就在于微博、秒拍、美拍等短视频平台。

相比之下，在传统视频平台上的熟面孔比如王尼玛在秒拍2016年8月原创影响力榜中排在第10位，一条视频排在第18位，关爱八卦成长协会排在第41位，二更视频和陈翔六点半分别排在第49位和第50位。

从达人到短视频创业者，已涌现出了一个短视频创业的风口。这一领域的飞速发展，得益于秒拍、美拍、今日头条，乃至微博等新兴视频渠道的快速兴起，不仅分走了传统视频网站PGC领域的流量，也捧出了一批对各自平台更“忠心”的内容创业者。

从有电影梦的“学院派”到达人江湖

越来越多的人开始涌入短视频这个新的战场。

如果说上一波PGC的浪潮中，玩家大多是那些有电影梦的“学院派”“纸媒出走者”“平台派”，那么下半场更多拥有“一技之长”的素人则开始参与到游戏中来，比如独立沙画师、手工达人等等。

“2年前我从政府机关离职，先是学习画画，2016年3月份开始做沙画短视频，目前团队是4个人。”

说话的是秒拍平台上的一个沙画红人茗喆，她的视频栏目叫作《茗喆的沙画小剧场》。2016年3月《太阳的后裔》热播的时候，茗喆做了一期短视频叫作《没错，我就是那个把宋仲基搞到手的女人》，随后她的微博粉丝数迅速从几百人涨到1万人，她将视频上传到秒拍平台后，播放量迅速破万次，“秒拍那边就找到我，希望我长期驻扎在该平台上更新内容”。

茗喆说：“看到papi酱火了，我就想其实可以试试，我是一个很忠于自己的人，我希望可以成为沙画领域的第一网红。我朋友都说我的脸很有标识性，你看，一个大鼻子，说不定可以成为网红。”

如今，茗喆的微博粉丝近10万人，秒拍粉丝17万人，在秒拍2016年8月份的原创影响力榜单上，茗喆排到了第43位。

可以说，PGC领域的创业已经进入下半场。以papi酱的崛起为临界点，在papi酱之后，各类红人不断涌现，他们一般借助于秒拍、美拍、今日头条、微博等各类平台，视频更加短小，更便于社交传播，在内容上也不局限于娱乐和垂直两种分类，更加生活化和个人化。

伴随着短视频的增长，短视频平台以及周边生意都开始风生水起。与之前PGC二三十分钟的时长相比，短视频创业的门槛更低，也就使得进入短视频领域的人越来越多。

除了新的入场者，之前在PGC领域已经积累一定用户的创业者也开始向短视频领域转场。他们把自己时长为二三十分钟的长视频进行碎片化剪辑，从而满足短视频平台的要求，在短视频平台上进行传播。比如暴走漫画，在传统视频平台之外开始向短视频平台输送内容，从而提高品牌的传播度和点击量。

短视频虽短，
变现能力和转化率却不低

根据我们的观察，短视频除了papi酱这种微信大号可以获得微信打赏之外，主要有两种盈利模式：一种是流量模式，也就是卖广告、冠名和软植；另外一种是电商模式。

在电商变现方面，《造物集》算是一个典型。这是一个分享

手工制作的短视频节目，创始人是一对夫妻，“其实是我先生比较喜欢摄影，而手工制作是我的一个小爱好”。

作为创始人之一的妻子玉头表示，在开始短视频创业前，丈夫在做市场营销，她自己做人力资源，被新片场挖掘后，夫妻二人就成了短视频创业者，全部精力都放在《造物集》的运营上。

与传统PGC主打优酷、爱奇艺、腾讯视频等渠道不同，起步较晚的《造物集》尤为重视短视频渠道的运营。

目前，《造物集》的微博粉丝119万人，美拍粉丝50万人，秒拍粉丝118万人，微信粉丝40多万人。未来，他们想要将《造物集》打造成一个护肤品电商品牌。

根据创始人的介绍，《造物集》淘宝官方店铺2016年6月1日上线，首批600份产品在3小时内售罄，单日成交额约8万元；第二次产品上新，单日成交额约10万元。依托《造物集》微信号进行售卖，日均浏览量约2万人次。

不过也并非所有短视频红人都适合电商这一商业模式。沙画师茗喆目前的盈利模式依然是广告植入和沙画微电影定制，因为沙画视频能够跟影视结合起来，关于未来商业模式的探索，除了和影视电影合作，茗喆构想的是艺人包装与艺术周边售卖。

除此之外，因为茗喆的沙画视频尝试将真人实拍和沙画相结合，未来可能将这一形式落地到线下，做成剧场的形式，“我比较喜欢开心麻花那样的剧场模式”，落地到线下就会有票房收入，“沙画领域还没有人这么做过”。

在短视频节目《尖叫耐撕男女》中，运营者还没想好要卖什么，由于女主经常会拿一块海绵板砖来欺负男主，团队调侃说，如果非要走电商模式，也只能卖板砖了。不过，目前这档节目是靠冠名获得收入，赞助商是东鹏特饮。

除了节目本身，渠道方也开始想办法来为短视频创业者创造盈利的空间。

“秒拍有一个基金，对于好的内容创业者会进行签约孵化。”张文华谈道，“我们也有计划去做广告分成，还有另外一种形式的分成，比如我们最近接到了超能洗衣液的广告，我们会选择一批适合的短视频进行超能品牌的露出，然后与创业者分成。”

微博
要从中国Twitter转变为中国YouTube

微博2016年第二季度财报显示：截至第二季度末，微博月活跃用户达2.82亿人，同比增长33%。

与此同时，第二季度微博视频日均播放量比第一季度增长235%!

这个可怕的数字背后，是微博的一个重要转身。微博CEO王高飞表示，希望成为中国最大的短视频创作和消费平台。

换言之，微博悄然开启了从图文分享到短视频分享的重要转型。对于内容创业者来说，微博从中国Twitter转变为中国YouTube，带来了一个巨大的红利期。

微博是秒拍的投资者，有意思的是，这笔投资带来了大量的短视频流量，也帮助微博复苏和转型。

秒拍副总编辑张文华介绍，秒拍平台日均视频上传量已达到

150万个，每日短视频播放量已达17亿次，入驻秒拍的新闻机构与自媒体超过1万家。

2015年，在短视频最热的时候，就有人预言秒拍或者美拍这样的短视频平台最有可能成为中国版YouTube，而非传统视频平台。

从产品模式来看，秒拍和YouTube还是存在较大不同，火星文化CEO李浩介绍道："YouTube的产品模式有四大特点：其一，登录逻辑；其二，订阅逻辑；其三，搜索逻辑；其四，分享逻辑。"

YouTube的视频推荐全是依靠推荐算法，但是目前秒拍还是有一个几十人的编辑团队，负责位置推荐，筛选内容，到秒拍任职不久的内容运营副主编张文华也是门户网站出身："YouTube的推荐其实是存在编辑思维的，而对于秒拍来说，编辑思维也是必要的，因为中国人似乎习惯这种推荐的方式，有一种围观的心态，而国外用户习惯寻找自己想看的内容。"

秒拍提出了一个新的方向——社交化的短视频平台。

在秒拍平台上，除了内容属性区分频道之外，还设UGC用户可以直接拍摄的功能板块，提高用户参与度，另外为了提高社交属性，每个用户都可以被关注，会做话题和悬赏，这也算是对于微博模式的移植。

除了秒拍，美拍、今日头条等渠道也逐渐向短视频倾斜。

有业内人士称，今日头条在短视频的领域发展很快，流量大，算法优势明确，可以精准地向用户推荐其感兴趣的视频，但是没有一个成熟的生态系统，短视频创业者在今日头条上很难赚到钱，这也是今日头条目前比较明显的劣势。

从目前来看，微博的生态是最健康的，微博和淘宝打通，使得很多短视频的创业者可以通过电商进行盈利。

此外，美拍的用户主要是女性，观看视频的用户很容易转化成电商用户，所以有关女性的电商短视频主要是在美拍上发力推广。

短视频平台更愿意跟MCN合作

在短视频领域，基本上可以划分为内容创作公司、MCN（中介方）、平台三方。

之前有短视频创业者说根本就不需要MCN，因为不少短视频创业者出身于平台，他们自己就可以找到平台资源，在目前短视频的整个生态链条中，MCN的作用十分有限，不过随着短视频领域越来越热闹，新入行从业者变多，MCN的作用会显得越来越明显。

目前在国内，类似MCN的机构有火星文化、新片场等。就在前不久，新片场举办了一场4周年Summer Party，随后它们公布完成C轮融资，估值近1亿美元。

“短视频平台更愿意跟MCN合作。”新片场CEO尹兴良表示，微博目前有两个原则：一是不做内容，二是不直接与内容创作者打交道，MCN起到一个聚合的作用。他还透露，微博每年匹配给新片场千万元级的推荐资源。

不得不说，对于上一波头部PGC内容创业公司来说，它们已经是百人的规模，它们开始要攀登更高的山，要实现电影梦，而对于下一波新人来说，它们还在赶来山脚的路上。

10

附录

附录一：

2016年国产影片票房收益率TOP60：《大鱼海棠》排名第一，但电影越来越不靠票房回本

2016年国产影片票房收益率

排名	影片	票房	成本	票房收益	票房收益率	备注
1	《大鱼海棠》	5.6亿元	0.65亿元	1.21亿元	187%	
2	《从你的全世界路过》	8.1亿元	1亿元	1.7亿元	170%	
3	《盗墓笔记》	10亿元	1.3亿元	1.77亿元	136%	9.2亿元保底
4	《驴得水》	1.73亿元	0.25亿元	0.32亿元	131%	
5	《美人鱼》	33.8亿元	4亿元	3.6亿元	121%	16亿元保底
6	《高跟鞋先生》	1.29亿元	0.2亿元	0.23亿元	115%	
7	《澳门风云3》	11.1亿元	1.8亿元	1.9亿元	105%	
8	《湄公河行动》	11.8亿元	2亿元	1.93亿元	97%	
9	《百鸟朝凤》	0.87亿元	0.15亿元	0.14亿元	93%	
10	《唐人街探案》	8.2亿元	1.5亿元	1.23亿元	82%	
11	《叶问3》	8亿元	2亿元	1.3亿元	66.70%	10亿元保底
12	《夏有乔木》	1.56亿元	0.8亿元	0.53亿元	66.70%	4亿元保底
13	《使徒行者》	6亿元	1.2亿元	0.8亿元	66.67%	
14	《谁的青春不迷茫》	1.8亿元	0.4亿元	0.2亿元	50%	

续表

排名	影片	票房	成本	票房收益	票房收益率	备注
15	《火锅英雄》	3.7亿元	0.8亿元	0.36亿元	45.80%	3.5亿元保底
16	《睡在我上铺的兄弟》	1.27亿元	0.3亿元	0.12亿元	41%	
17	《致青春2》	3.3亿元	0.8亿元	0.26亿元	33.33%	3.2亿元保底
18	《我不是潘金莲》	3.6亿元	1.3亿元	0.36亿元	28.20%	5亿元保底
19	《铁道飞虎》	4.3亿元	2.5亿元	0.5亿元	20.00%	影片还未下映，票房截至12月31日。微影时代10亿元保底
20	《寒战2》	6.7亿元	1.8亿元	0.43亿元	24.07%	
21	《梦想合伙人》	0.81亿元	0.9亿元	0.1亿元	11.11%	3亿元保底
22	《绝地逃亡》	8.89亿元	3亿元	0.3亿元	10.00%	10亿元保底
23	《我的特工爷爷》	3.2亿元	1亿元	0.06亿元	6%	
24	《大话西游3》	3.6亿元	1.2亿元	0	0	
25	《七月与安生》	1.67亿元	0.6亿元	–0.047亿元	–7%	
26	《西游记之三打白骨精》	12亿	4.5亿元	–0.5亿元	–11%	
27	《爵迹》	3.8亿元	1.5亿元	–0.23亿元	–15%	
28	《陆垚知马俐》	1.9亿元	0.8亿元	–0.17亿元	–20.83%	
29	《28岁未成年》	1.3亿元	0.55亿元	–0.12亿元	–21.00%	影片还未下映，票房截至12月31日
30	《追凶者也》	1.35亿元	0.6亿元	–0.15亿元	–25%	

续表

排名	影片	票房	成本	票房收益	票房收益率	备注
31	《微微一笑很倾城》	2.7亿元	1.3亿元	–0.4亿元	–30.76%	
32	《摆渡人》	4.15亿元	2亿元	–0.16亿元	–30.80%	影片还未下映，票房截至12月31日
33	《惊天破》	1.14亿元	0.63亿元	–0.25亿元	–39.70%	
34	《惊天大逆转》	0.79亿元	0.50亿元	–0.24亿元	–48%	
35	《消失爱人》	0.64亿元	0.42亿元	–0.21亿元	–49.20%	
36	《危城》	1.67亿元	1.1亿元	–0.54亿元	–49.40%	
37	《女汉子之真爱公式》	0.64亿元	0.43亿元	–0.22亿元	–50.48%	
38	《捉迷藏》	0.71亿元	0.50亿元	–0.26亿元	–52.40%	
39	《王牌逗王牌》	2.6亿元	2.1亿元	–1.23亿元	–58.73%	
40	《外公芳龄38》	0.60亿元	0.50亿元	–0.3亿元	–60%	
41	《罗曼蒂克消亡史》	1.15亿元	1.1亿元	–0.72亿元	–65%	影片还未下映，票房截至12月31日
42	《长城》	9.75亿元	10亿元	–6.75亿元	–68%	影片还未下映，票房截至12月31日
43	《功夫熊猫3》	10亿元	9.7亿元	–6.37亿元	–65.64%	
44	《我们的十年》	0.44亿元	0.50亿元	–0.35亿元	–70.60%	
45	《年兽大作战》	0.34亿元	0.40亿元	–0.28亿元	–71%	
46	《三人行》	1亿元	1.17亿元	–0.84亿元	–71.50%	
47	《过年好》	0.54亿元	0.65亿元	–0.47亿元	–72%	

续表

排名	影片	票房	成本	票房收益	票房收益率	备注
48	《三少爷的剑》	0.97亿元	1.3亿元	–0.97亿元	–75%	
49	《天亮之前》	0.36亿元	0.50亿元	–0.38亿元	–75.70%	
50	《快手枪手快枪手》	0.53亿元	0.80亿元	–0.62亿元	–77.90%	
51	《奔爱》	0.47亿元	0.75亿元	–0.59亿元	–78.90%	
52	《封神传奇》	2.8亿元	5亿元	–4.06亿元	–81.33%	
53	《蒸发太平洋》	0.35亿元	0.65亿元	–0.53亿元	–82.10%	
54	《疯狂小事叫爱情》	0.37亿元	0.70亿元	–0.58亿元	–82.58%	
55	《我的战争》	0.36亿元	1亿元	–0.88亿元	–88%	
56	《冲天火》	0.36亿元	1亿元	–0.88亿元	–88%	
57	《摇滚藏獒》	0.40亿元	4亿元	–3.87亿元	–96.75%	

说明：

（1）榜单中票房数据来源与发行权力榜中的来源一致；

（2）对于有保底的影片，榜单中统计的是原有投资方获得的保底收益，而不是保底方的票房收益；

（3）本榜单中仅计算影片票房收益率，并非一部影片的整体投资回报率。因为在票房之外，影片的植入、版权等收益都未统计在其中；

（4）榜单中影片成本包括制作和宣发两部分费用；

（5）合拍片的部分，只考虑国内票房收益，未计入全球票房数据，与实际票房收益率可能会有一定出入；

（6）因为存在后期溢价，以及部分影片超支预算等，实际数据可能与榜单统计数据有所出入；

（7）榜单中仅统计了2016年国产影片票房前60名的电影。在榜单制作过程中，由于部分片方不方便透露影片具体成本数据，个别影片票房收益率可能未统计在内。

注：《驴得水》的成本经过核实，跟初期调查有出入，排名进行了调整。

榜单深度解读：

2016年电影投资到底还是不是一门好生意？

有人认为，电影投资还是暴利行业，一部爆款电影投资回报率有可能高达数倍；但圈内人却认为，10部电影里面，可能有9部是亏损的。

为什么电影圈外和圈内的人看法如此迥然不同？由于大量合同数据并不透明，电影投资一直以来都是一件如人饮水，冷暖自知的事情。

事实上，有电影专项资办以及各家第三方统计平台的存在，电影票房可以查到大量的公开数据；真正无法公开的是影片的各项成本和费用，比如票补。

按照影片票房分账比例，单从票房上看，某些影片投资可能是亏损的。但实际上，在电影制作后期溢价引入加磅投资人的同时，前期码盘的几家片方可能早已回本，影片上映之后的票房分成相当于纯赚。

在2015年电影市场如此不景气的情况下，国产影片票房普遍不高。这是不是说明2016年国产电影难赚钱？

我们在统计60部影片成本的基础上，制作出一份票房投资收益的榜单并发现，2016年国产影片票房前50名中，仅靠票房回本并且赚钱的电影就有22部。其中还出现了票房收益率为187%的《大鱼海棠》。

一个值得注意的现象是，在各种版权收益不断提高，衍生品渠道逐渐拓宽的情况下，票房在投资收益中的占比越来越小。

类似于好莱坞的影片，票房仅仅占影片整体收益的30%左右。高成本的大制作不断涌现意味着，单从票房收益上看，国产影片即将进入一个微利时代。

影片票房TOP60中，22部赚钱，《大鱼海棠》赚2倍

根据国家新闻出版广电总局电影局的最新统计，2016年全国电影总票房为457.12亿元，同比增长3.73%；其中，国产电影票房为266.63亿元，占票房总额的58.33%。

这是近几年来国内电影票房增速首次跌破30%。在这份成绩单中，大概有69%的国产影片票房不足1000万元。“今年票房不好，我们公司也亏钱了。”一家影视公司的项目开发总监这样表示。

在大盘趋冷的情况下，这家公司遇到的情况可能并不是个例。毕竟，相比2015年动辄数十亿元票房的大片，从2016年第二季度开始，票房过10亿元的影片屈指可数。在制作这份票房收益榜单之前，还有业内人士调侃道，今年赚钱的影片应该不超过10部吧？

但事实上，根据我们的统计，仅仅在国产影片票房前60名中赚钱的影片就有22部，占比为33.3%，甚至在票房前20名中，单靠票房回本的影片达到80%以上。根据第三方平台统计，2016年有票房统计的国产影片在140部左右，说明能赚钱的国产影片至少在15.7%以上，远高于2015年一些媒体报道的1%。

不过，最好的和最差的票房投资回报率相差3倍。我们发现，《大鱼海棠》成为2016年票房投资收益率最高的影片，收益率高达187%；而另一部《摇滚藏獒》的票房收益率亏损97%。这说明，在2016年市场不景气的情况下，整体票房收益波动大。

需要注意的是，在市场不景气的情况下，保底案例增多。除了《美人鱼》远远超出保底线之外，其他保底的影片，要么票房恰好达到保底线，要么保底失败。对于后两种情况而言，尽管保底方可能有一定亏损，但片方却可以稳赚不赔。这也在一定程度上提高了片方赚钱的比例。

在制作整份榜单过程中，我们还发现，票房排名越靠后，票房收益率亏损的可能性越大。这主要是因为，各家片方越来越重视宣发，这部分成本已经成为影片一笔较大的固定开支。目前，宣发一般有两种预算方式：一种是按照预期票房的10%做预算，另一种是与前期制片成本按照1∶1的方式做预算。

这就意味着即便一部两三千万元制作的影片，加上宣发之后就会变成一部五六千万元的中等成本以上的影片。换句话说，票房排名靠后的商业影片，在成本上却不占优势，因此票房投资收益会比较低，甚至显示为亏损。

一部《青茫》收益8000万元，电影回本越来越不靠票房

在2016年之前，计算一部影片投资收益，更多是以公开的票房数据为标准。但是，一个不争的事实是，票房已经越来越难以

反映一部影片的投资收益。或者说，票房收益在影片整体收益中所占比重越来越小。

一部影片的收入可以分为前期、中期、后期收入三大部分。前期收入主要指影片植入收益。例如《港囧》中的植入广告多达13个，还包括中国人寿等大客户，甚至在上映前，影片就已经回本，在第一天就开启赚钱模式。

中期收入主要是指影片制作过程中的溢价收入。一般情况下，前期几家公司一起组局拍电影，可能投资预算为1亿元，当影片拍摄得差不多的时候，如果影片质量还不错，就会有新的公司加入，而这些新加入的公司，面临的影片成本有可能就是前面几家原始投资公司的几倍。

所以，一部影片的票房收益，甚至整体影片的投资收益，对于不同的投资方来说是不一样的。比如影片前期成本为1亿元，后期成本为2亿元，有可能在后期投资方入场的时候，前期投资方已经收回了所有的成本，这时候票房的投资收益，对于前期的投资方来说是纯赚，而对于后期投资方来说，有可能是亏损。

后期收入主要是指影片版权方面的收益，主要包括海外版权收益、新媒体版权收益、衍生品三大部分。其中版权收益占很大比例，因为这部分费用是纯利润，不存在分账。现在的一般规则是，新媒体版权费用可以跟影片的宣发费用相抵消。

比如，《谁的青春不迷茫》这部影片的票房才1.8亿元，但给光线传媒赚了8000万元的收入。其中很重要的一块就是新媒体版权收益。只要上院线的电影，一般情况下，新媒体版权收益都在3000万~5000万元，一些比较好的IP价格甚至还可能更高。

另一个典型的版权方面收益的例子是，在《我不是潘金莲》的影片中，尽管截至2016年12月4日影片票房为3.83亿元，距离5亿元还有较大差距，但文投控股通过国内票房分成、制片收益、网络版权、海外版权收益等，获得约1539.41万元的收益。

这说明，单单票房这一指标已经越来越不能反映出一部影片的投资收益情况。

悖论：小成本影片票房收益高，但国产大片将进入微利时代？

在这个榜单里，我们会发现，《大鱼海棠》《驴得水》《百鸟朝凤》等小成本影片票房收益率一下子从票房十几亿元的大片中脱颖而出；而投资2亿元以上的大成本影片，比如《摇滚藏獒》，投资收益率亏损至90%以上。

令人好奇的是，未来，整体电影市场会不会为了稳妥地追求高收益，转而更多地投资小成本影片？很遗憾，从整体电影市场来看，似乎答案正好相反。

小成本、有特点的影片票房收益率相对比较高。但这种影片的IP一般都归属于某一家公司，在预测到影片能赚钱的情况下，其他普通投资人很难有机会投资。“比如这次开心麻花的《驴得水》，外人就很难拿到投资份额。”一家发行公司的内部人士称。

一边是票房收益率高的小成本影片难以拿到投资份额；另一

边却是影片的制作越来越向大片靠近。

正如前文所述，在宣发费用不断加码的情况下，制作加宣发成本能够保持在3000万元以下的影片少之又少。我们发现，在榜单前50名中，成本在7000万元以上的影片有31部，占比为62%；在榜单前10名的影片中，成本全部超过1亿元。“大成本制作的基数大，投资收益率自然没法跟小成本影片相比。”一家国有股份电影公司的高层表示。

我们在采访中发现一个很有意思的现象，不少片方都把影片成本价往高报，并不在乎表面上的投资收益高低，而是极力向外界传达一种“我的片子很贵，仅仅后期制作就花了不少钱”的印象。

从2015年的《寻龙诀》到2016年的《湄公河行动》，国产影片大片化趋势越来越明显。按照好莱坞影片票房回收比例和规律，未来国产影片的票房收益可能仅仅占影片总收益的30%。换句话说，国产电影未来也可能会进入一个票房收益的微利时代。

附录二：

2016年影视IP增值榜：从《爵迹》到《老九门》，哪些IP被糟蹋了?

IP增值榜·电视剧篇

序号	IP剧	原IP	IP指数	商业价值指数	IP增值指数
1	《芈月传》	同名小说	1.34	9.03	7.69
2	《锦绣未央》	同名小说	1.47	6.89	5.42
3	《欢乐颂》	同名小说	0.65	5.77	5.12
4	《亲爱的翻译官》	小说《翻译官》	1.18	5.57	4.39
5	《麻雀》	同名小说	0.96	4.82	3.86
6	《解密》	同名小说	0.55	4.13	3.58
7	《幻城》	同名小说	1.35	4.66	3.31
8	《小别离》	同名小说	0.14	2.09	1.95
9	《寂寞空庭春欲晚》	同名小说	0.96	2.90	1.94
10	《我是杜拉拉》	杜拉拉系列小说最后一部	1.19	2.31	1.12
11	《十五年等待候鸟》	同名小说	0.24	1.26	1.02
12	《微微一笑很倾城》	同名小说	4.9	4.97	0.07
13	《青丘狐传说》	小说《聊斋志异》	2.1	1.54	–0.56
14	《诛仙·青云志》	小说《诛仙》	10	6.23	–3.77
15	《云之凡》	游戏《仙剑奇侠传5》	5.9	1.72	–4.18

注：收视率：网播量按5：5算。

《欢乐颂》《青云志》还在继续开发，此处只计算2016年部分。

IP增值榜·电影篇

序号	电影	原IP	原IP价值指数	票房/亿元	商业价值指数	IP增值指数
1	《从你的全世界路过》	同名小说	3.8	8.14	8.11	4.31
2	《使徒行者》	电视剧	1.8	6.06	6.04	4.24
3	《摆渡人》	同名小说	0.09	4	3.98	3.89
4	《爵迹》	同名小说	0.8	3.83	3.81	3.01
5	《驴得水》	话剧	0.3	1.73	1.72	1.42
6	《熊出没之《熊心归来》	动画	7	8.32	8.29	1.29
7	《七月与安生》	同名小说	0.5	1.67	1.66	1.16
8	《睡在我上铺的兄弟》	同名歌曲&网络剧	0.4	1.28	1.27	0.87
9	《卧虎藏龙：青冥宝剑》	小说《卧虎藏龙》	1.7	2.56	2.55	0.85
10	《谁的青春不迷茫》	同名小说	1	1.8	1.79	0.79
11	《致青春·原来你还在这里》	同名小说	2.6	3.37	3.36	0.76
12	《夏有乔木雅望天堂》	同名小说	0.8	1.56	1.55	0.75
13	《一念天堂》	话剧	0.08	0.83	0.83	0.75
14	《所以，和黑粉结婚了》	韩国小说	0.3	0.81	0.81	0.51
15	《微微一笑很倾城》	同名小说	2.3	2.76	2.75	0.45
16	《盗墓笔记》	同名小说	10	10.04	10.00	0.00
17	《谋杀似水年华》	同名小说	0.2	0.13	0.13	–0.07
18	《喜乐长安》	小说《长乱》	0.2	0.0164	0.02	–0.18

续表

序号	电影	原IP	原IP价值指数	票房/亿元	商业价值指数	IP增值指数
19	《三少爷的剑》	武侠小说	1.2	0.97	0.97	–0.23
20	《我在故宫修文物》	纪录片	0.3	0.06	0.06	–0.24
21	《极限挑战之皇家宝藏》	综艺	2.29	1.26	1.25	–1.04
22	《我的新野蛮女友》	韩国电影	2.2	0.34	0.34	–1.86
23	《我叫MT之山口山战记》	动画	2.69	0.12	0.12	–2.57
24	《果宝特攻之水果大逃亡》	动画	2.69	0.08	0.08	–2.61
25	《新大头儿子和小头爸爸：一日成才》	动画	4.95	0.9	0.90	–4.05

注：截稿时《摆渡人》还未下映，票房按4亿元来计算。

IP增值榜·网络剧篇

序号	IP网剧	原IP	IP价值指数	网播量/亿次	商业价值指数	IP增值指数
1	《老九门》	同名小说	2.1	114.8	10	7.9
2	《太子妃升职记》	同名小说	0.79	38.7	3.27	2.48
3	《我的奇妙男友》	同名小说	0.19	27.4	2.39	2.2
4	《余罪》	同名小说	1.85	43.3	3.8	1.95
5	《半妖倾城》	同名小说	0.22	17	1.49	1.27
6	《九州天空城》	同名小说	0.62	20.6	1.8	1.18
7	《重生之名流巨星》	同名小说	1.03	20.9	1.83	0.8
8	《最好的我们》	同名小说	2.03	27.3	2.39	0.36
9	《美人为馅》	同名小说	1.68	22.5	1.96	0.28
10	《上瘾》	同名小说	0.6	1.14	0.83	0.23

续表

序号	IP网剧	原IP	IP价值指数	网播量/亿次	商业价值指数	IP增值指数
11	《飞刀又见飞刀》	同名小说	1.21	13.2	1.15	–0.06
12	《遇见王沥川》	小说《沥川往事》	1.27	14.3	1.19	–0.08
13	《如果蜗牛有爱情》	同名小说	2.11	22.1	1.92	–0.19
14	《法医秦明》	同名小说	1.63	14.6	1.27	–0.36
15	《我的贴身校花》	同名小说	0.71	2.6	0.22	–0.49
16	《画江湖之不良人》	同名动画	1.91	10	0.83	–1.08
17	《藏地密码》	同名小说	2.33	7.3	0.61	–1.72
18	《兰陵王妃》	同名小说	2.57	4.6	0.5	–2.07
19	《陈二狗的》《妖孽人生》	同名小说	2.99	7.5	0.65	–2.34
20	《极品家丁》	同名小说	10	18.1	1.57	–8.43

注：《余罪》《法医秦明》还在继续开发，此处只计算2016年部分。

价值指数计算方法

IP价值指数

IP价值指数基于IP的百度指数和大众认知度，以其中最高的一位为基准，将其他IP进行等比例换算。

需要说明的是，IP价值指数并不指其真正被购买的价值，在版权价格暴涨的当下，也无法准确算出此项数据。

商业价值指数

电影：在商业价值指数方面，因为核定标准的清晰明了，我们仅根据票房确定。按最高标记法计算，确定票房最高的《盗墓笔记》的商业价值指数为10，其他电影根据票房进行比例换算。

电视剧：电视剧类按照收视率和点击量进行排名（其中收视率与网播量按1∶1来算），确定《芈月传》的商业价值指数为10，其他电视剧根据收视率和网播量进行比例换算

网络剧：网络剧依据点击量进行排名，同理，确定《老九门》的商业价值指数为10，其他网络剧根据网络总播放量进行比例换算。

方差

方差是各变量值与其均值离差平方的平均数，它是测算数值型数据离散程度的最重要的方法。

简单地说，我们分别计算了电影、电视剧、网络剧三大指数差值的方差，意在呈现三者在IP利用上的稳定性。如果方差越高，说明该IP孵化成功受到影响的因素越多，团队对IP本身的价值不应该期待过高。

2017年将是IP大年，但IP发挥的作用却越来越小？

2016年是IP依然强劲的一年，但IP开发的结果却不尽相同。

2016年，既有张嘉佳因《从你的全世界路过》《摆渡人》而风光无限，也有郭敬明因《爵迹》而惹上无数风波；既有《芈月传》《锦绣未央》等IP剧成为爆款，也有《青云志》高开低走的遗憾；既有《老九门》登顶网剧榜首，也有《藏地密码》《极品家丁》悄无声息地惨败。

电影、电视剧、网络剧都希望借助IP增强变现能力，然而IP颇为

任性，有时候并不领情。越大的IP可能越不容易发挥出其全部价值。

我们整理了2016年由IP改编而来的电影、电视剧和网络剧，并计算出IP增值指数，来看看有哪些被浪费的IP，以及是否IP就真的能保证变现。

电影：
动画IP最浪费，《摆渡人》《爵迹》IP增值惊人

据不完全统计，2016年IP电影达到25部，总票房近60亿元；而根据之前的统计，2016年之前的IP电影也为25部，但总票房超过了100亿元。

究其原因，主要还是2014年和2015年IP大热，IP电影尚有红利，且以《小时代》《鬼吹灯之寻龙诀》等顶级IP电影为首，票房普遍较高，仅《鬼吹灯之寻龙诀》就有16.8亿元，IP改编的青春片大多票房也在3亿～6亿元。

2016年以来，IP降温，青春片遇冷，观众对IP电影的追捧程度降低，其中票房最高的《盗墓笔记》也仅收获10亿元票房。

有意思的是，《从你的全世界路过》《摆渡人》《爵迹》在IP增值排行榜上位列前茅，尽管这三部电影口碑堪忧，豆瓣评分也都不到6分，但在IP增值上却十分亮眼。

《从你的全世界路过》自2013年出版以来发行近千万册，IP本身基础良好，不过由于票房表现良好，也增值不少。《摆渡人》的原著其实只是《从你的全世界路过》其中的一篇，很难说有多大的IP价值，反而是王家卫、梁朝伟、金城武等人可以看作这

部电影IP增值的关键。

《爵迹》一度让郭敬明陷入舆论漩涡，很多人也都认定郭敬明的时代即将过去，然而《爵迹》的IP增值让人意外。不过参考《爵迹》的百度指数、发行量等，确实与他的其他作品不在一个量级，所以原IP价值指数并不是太高，然而这部电影声量很大，票房也达到了相对较高的水平，所以最后呈现出来的商业价值指数比较高，当然盈利就很难讲了。

另外，我们将IP电影的原IP进行分类，相对于之前，2016年的IP电影类型更加丰富，除了小说、动画、话剧等常规IP，纪录片和韩国作品也出现在IP电影行列中，当然随着“限韩令”颁布，这一趋势也就此夭折。

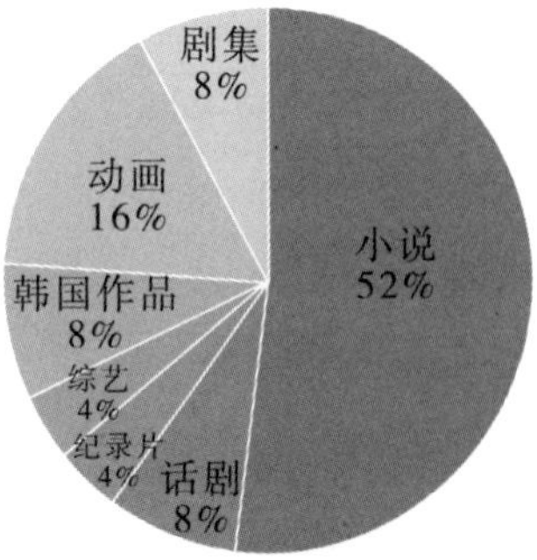

2016年IP电影原IP分类占比

另外，分类以后，各个类型的IP增值指数差距较大，小说、剧集改编的电影IP增值指数较高，成功率较大；动画则是最浪费IP的，动画的平均IP价值指数很高，但往往难以变现。

一方面目前比较知名的动画IP多是儿童向的，对票房的限制较大，另一方面成人向动画通常热议度高但大众认知度低，对票房的拉动也不够强劲。未来随着二次元作品的普及，将有更多成人

分类后IP增值指数对比

向动画进入电影领域，那时我们或许可以期待一下动画IP电影。

电视剧：越大的IP越易玩砸，小IP有优秀操盘手更容易成功

2016年的电视剧领域，尽管IP论已被唱衰、IP热逐渐降温，但头部的IP阵容仍然不少，许多前几年已经布局的顶级IP，2016年都到了收割的时候，15部IP剧中，古装剧有3部、包含古装、玄幻元素在内的有7部，占据了半壁江山。

从前面的表中我们可以看到《诛仙·青云志》《微微一笑很倾城》IP增值排名较低，主要是因为原IP为顶级IP，而相对而言商业价值并没有与其他IP剧拉出差距，这也反映了一个IP剧的明显特点：顶级IP相比一般IP增值更加困难。

尤其是包含了古装、玄幻、奇情等丰富元素的大剧，属于对制景、特效、服化道等方方面面都有较高要求的一类剧种，在

2016年更加显示出了其制作上的短板与长尾效应的缺乏。

IP的双刃剑效应在这些顶极IP上体现得最为明显，以目前的工业化水准和制剧周期、资源投入，要在一个本身期待值就偏高的IP上实现增值，仍然任重道远，可能只要没有过多浪费，就已经算是比较合格的IP开发了。

原本起点较低的一些中小型IP反而成就了2016年的一些爆款，《芈月传》的原著在开始更新时就被买断版权，跳过了IP孵化的过程，所以本身是没有太多粉丝基础的，而电视剧由于演员阵容、制作水平等加持，商业价值颇高，成了电视剧中的年度IP增值榜首。

由侯鸿亮领衔的正午阳光团队制作的电视剧《欢乐颂》，IP增值指数高达5.12。成功抓住城市中人的痛疾、引爆社会热门敏感话题的讨论，是这一作品的制胜法宝，但制作的工整、规范、精致，使得该剧能够在2016年的佳作里有一席之地。

此外，将一些原本格局较窄的IP去粗取精、打造成都市精品言情剧，例如《亲爱的翻译官》，也是IP增值的一个好方法，该剧异国取景、服化道制作考究，加上有热度有话题的明星演员加持，成功获得收视率和网播量的双丰收，IP增值指数高达4.39。

网剧：

70%的IP网络剧为视频网站自制和定制，题材红利逐渐消失

《老九门》作为爱奇艺定制剧，网播量超过110亿次，在所有IP网络剧中是最高的，成为2016年网络剧中当之无愧的爆款，以

《老九门》为标准，其他IP网络剧在商业表现上都逊色不少。

不过大多网络剧都出色地完成了从原IP到网络剧的转化，2016年比较火热的《太子妃升职记》《余罪》《九州天空城》《最好的我们》等都发挥良好。虽然《如果蜗牛有爱情》《法医秦明》的IP增值指数属于负值，但IP增值指数在0上下小范围波动是比较正常的，可以认为网络剧与原IP价值相当，算不上浪费。

但是《极品家丁》确实没有发挥出原IP的优势，《极品家丁》属男频文中比较经典的IP，在谷歌和百度上持续40周位于前三甲，体量不小。不过显然《极品家丁》的网络剧表现并不强劲。

另外，我们梳理了这20部网络剧后发现，有14部是视频网站自制和定制剧，占了70%。之前我们也讲过视频网站侵入内容制作上游，为会员增长不断储备精品内容，此次IP网络剧增值榜前10名中，视频网站自制剧占8席，也是意料之中的。

另外，把这20部网络剧进行分类，涉及刑侦的有4部，涉及性转、同性等元素的有3部，涉及玄幻、探险的有5部，各种丰富的题材仍然令人眼花缭乱。

不过，一个明显的趋势是，网络剧界最初的题材红利已经逐渐消失，只要是新颖的，或打擦边球的题材就能吸引相当一部分猎奇的观众前来一探究竟的盛况已经渐渐消失，自制网络剧已经逐渐成为大势，并逐渐走向较为理性、成熟的阶段。

不管是幕后制作还是幕前力量，网络剧的顶级资源也开始逐渐集中，有明星演员、顶级制作、热门话题的网络剧最容易成为爆款，例如由陈伟霆、赵丽颖、张艺兴等主演的《老九门》能成为首部单网播放量破百亿次的自制剧，就有赖于这三个层面的有效整合。

而2016年IP网络剧的口碑扛鼎之作多集中在一些相对小众的题材上，例如《余罪》《法医秦明》，而由优秀操盘手主控的《如果蜗牛有爱情》《最好的我们》《画江湖之不良人》则分别打动了不同的群体。这说明，在网络剧界，分众的趋势愈发明显，大众化的题材要做成普及面广的爆款愈发困难，而小众的题材里到达率却有可能比大众题材更高。

电影>网剧>电视剧，IP稳定性递减

通过对综合电影、电视剧和网络剧进行数据分析，我们发现大IP改编并非是高枕无忧的事，小IP也能发挥出很大的价值。IP增值体现的是IP改编过程中，操盘者对其的影响效用，阵容、制作、营销、档期等都是使得IP增值的原因。

而从电影、电视剧、网络剧IP增值指数的方差来看，电视剧（10.23）>网络剧（6.89）>电影（4.73），2016年，电视剧在IP价值的利用上较不稳定，离散程度高，但总体数据偏高；网络剧由于《老九门》和《极品家丁》两个极端案例方差被拉高，但其实大多数网络剧发挥稳定；电影是受IP价值影响比较小的一类，相对来说更稳定。

显然，IP改编已经越来越成为影视作品的常态了，制片方选择IP也不再完全倚重其知名度和号召力，而是转向一些“小而美”的IP，电视剧、网络剧尤其明显，比如《欢乐颂》《麻雀》

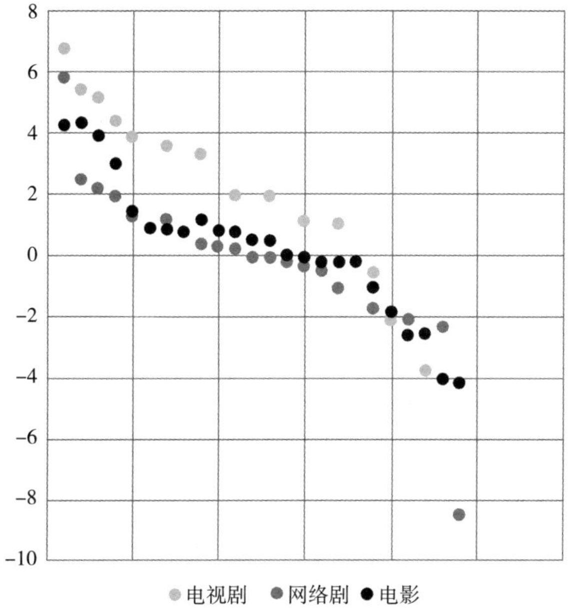

电影、电视剧、网络剧IP增值指数分布散点图

《余罪》等都是在知名度上稍逊一筹，但故事基础、人物设定、思想内涵等有较大开发价值的IP。

2016年一年下来，IP依然发挥着强劲的作用，而据了解，2017年的IP影视作品或将更上一层楼，诸多更大体量的IP影视作品都将在2017年面世，2017年年末的时候我们再来看，IP增值还能怎么玩。

附录三：

2016年电视综艺商业价值排行榜：《中国新歌声2》收视率跌破3%，为何冠名还能卖5亿元？

酣战一年，2016年省级卫视收视率TOP10尘埃落定。

湖南卫视以0.306%的成绩继续领跑，浙江卫视拿到了0.297%，以微弱的优势超过0.292%的东方卫视。江苏卫视第四、北京卫视第五。另外在二线卫视方面，安徽卫视超过山东卫视，冲到了第六。

2016年省级卫视收视率TOP10

排名	频道	全天收视率 /%
1	湖南卫视	0.306
2	浙江卫视	0.297
3	东方卫视	0.292
4	江苏卫视	0.238
5	北京卫视	0.223
6	安徽卫视	0.167
7	山东卫视	0.146
8	深圳卫视	0.124
9	江西卫视	0.114
10	天津卫视	0.113

注：以上数据为CSM52城市全天收视率。

事实上，对卫视而言，收视率高低直接决定吸金能力。2017年，在新的台网关系下，大剧越来越贵，不少卫视都在烧钱抢大IP剧、培育市场。综艺将越发成为平台最依赖的收入来源。

我们曾做过盘点，卫视表面风光，但日常节目都是小打小闹，不太挣钱，大多要靠大IP养活。

2016电视综艺商业价值排行榜：
《奔跑吧兄弟》收视率跌破4%，但2017仍要涨价？

通过梳理2016年最赚钱的综艺，我们发现了一些现象。

①综三代或以上颓势初显，但胜在体量。《奔跑吧兄弟4》平均收视率跌破4%，《中国新歌声》更是跌破3%，但它们在2017

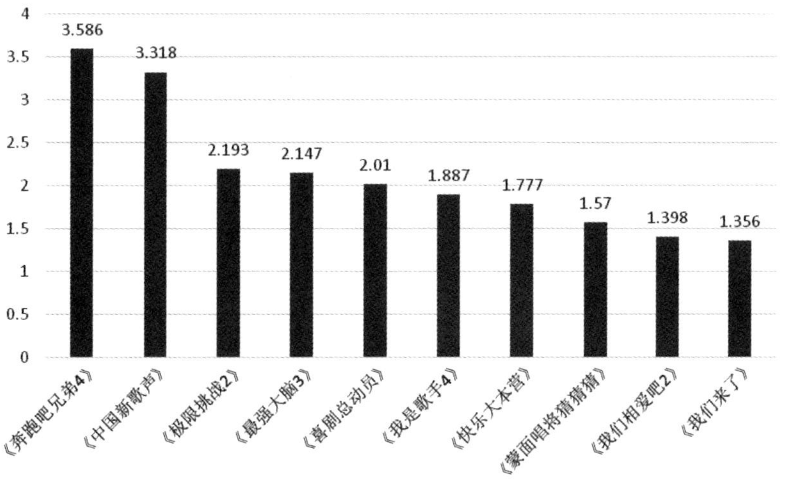

2016年最具商业价值十大电视综艺收视率排行榜

年却依旧任性涨价，且有人买单。比如《中国新歌声2》招标会上OPPO号称5亿元拿下冠名。

②综二代表现优秀。除《全员加速中2》跌出预期，续集被叫停外，《极限挑战2》《欢乐喜剧人2》等继续冲高，《真正男子汉2》《蒙面唱将猜猜猜》等实现逆袭，部分节目的第三季已被vivo、金立等金主提前锁定。

③过度依赖明星的新节目大多惨败，比如《娜就这么说》《我们战斗吧》等，它们都不再做续集。不过，虽然《王牌对王牌》口碑也欠佳，但或许因流量高、模式简单、可持续性强、招商过关等原因将迎来下一季，王祖蓝、王源、宋茜将加盟，姑且期待这类节目能在制作上发力吧。

④“跨界”“星素结合”成关键词。《喜剧总动员》被称作3.0版的《欢乐喜剧人》，玩的是演员跨界的套路；而北京卫视则连续推出了《跨界歌王》《跨界喜剧王》，2017年它还要做《跨界冰雪王》，是有意在跨界这一品牌上深耕到底的。另外，以《我想和你唱》《天籁之战》《梦想的声音》等为代表的3.0版音乐类型在星素结合上玩得越来越顺，后期看涨。“星素结合”的口号喊了很多年，希望它能成为2017年新的一极。

⑤政策因素成为定时炸弹。先从2016年2月的“限童令”说起，它导致湖南卫视的《爸爸去哪儿》转网，浙江卫视的《爸爸回来了》干脆停掉，而且2017年只有深圳卫视的《闪亮的爸爸》一档节目能上星。再说“限韩令”“限选令”等的影响，先是《盖世英雄》等节目的韩星被“马赛克”，再是《来吧说做就做》延播，陷入漫长等待期，而《我是歌手5》被迫改名为《歌

手》，挪档到22:30……2016年，被称为史上限令最多、变数最大的一年，再大的IP，遇到坚硬的限令也变得脆弱。

综上所述，2016年并未推出新的现象级节目，但不少优质综2代、新节目已经冒出尖尖角。据调查，《全员加速中》虽很吸金，但成本高、口碑堪忧，而《欢乐喜剧人2》这种平均收视率为2.6%，排名全国第三的综艺，吸金能力却远不如我们想象中的那样，总冠名只有几千万元（第三季肯定是涨了）。而像《我们相爱吧》那种吸金力、收视率处于中等水平的综艺，却为平台带来隐性的品牌效应、美誉。所以，当我们决定评选2016年最具商业价值榜单时，我们创造了一个新的坐标体系。

具体来说，这是由广告费、收视率、点击量、微博话题量（季均）、百度指数、豆瓣评分、潜在价值7个维度构成的评分体系，每个维度都以这些节目中最高的那个为1分，其他节目是这个节目的百分之多少就得相应的分数，最后加起来满分7分，再转换成10分制。

最终榜单如下。

2016年电视综艺商业价值排行榜

排名	综艺	评分 / 分
1	《奔跑吧兄弟 4》	8.84
2	《中国新歌声》	6.90
3	《极限挑战 2》	6.12
4	《我是歌手 4》	5.70
5	《快乐大本营》	5.41
6	《蒙面唱将猜猜猜》	4.31
7	《我们来了》	4.14

续表

排名	综艺	评分 / 分
8	《最强大脑 3》	4.06
9	《喜剧总动员》	3.96
10	《我们相爱吧 2》	3.84

诚然，这个榜单并非绝对精准，但我们在努力靠近真实，并始终强调它背后的启示意义。

综N代：
不管收视率高低，广告全面涨价

根据上图，前9名全都是综N代。它分为很多种类型。

1. 综N代（以上）

毫无疑问，2016年《奔跑吧兄弟4》《中国新歌声2》收视率、网播率排前二，吸金能力也一样。

但是，前者的平均收视率从4.5%跌到了3.5%；后者从4.4%跌至2.8%。

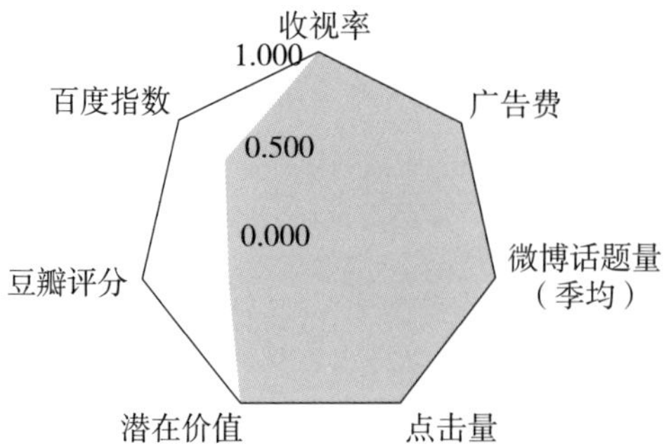

《奔跑吧兄弟4》商业价值分布

虽说收视率下滑，但你知道它们在2017年都涨价了吗？买单的金主都疯了？

其实不然，原因有三。

第一，观众已经养成收视习惯，用户基数大、品牌曝光度有保障。

第二，制作方可能会提出加强明星阵容、加大创新力度的承诺，或者双方签订对赌协议。比如《中国新歌声2》宣布已经请到陈奕迅、周杰伦加盟，且节目模式将大改。

第三，瘦死的骆驼比马大。你不抢的话可能会被竞争对手抢去，为了保证自己行业领先位置不受威胁、占据市场资源，在新品风险大、注定比不过综N代的情况下，只能抢王牌节目。

有趣的是，《我是歌手4》《快乐大本营》《最强大脑3》还分别代表了一个潮流。《我是歌手》开创了歌手真正PK音乐的先河；《快乐大本营》是中国最早、最悠久的一个现象级节目，请明星不需要花钱，成本极低、招商省力、收入在7亿元以上，且稳坐了2016年节目关注度第一的位置；至于《最强大脑》，作为第一档现象级素人真人秀，真捧红了能人，也带火了脑力教育。

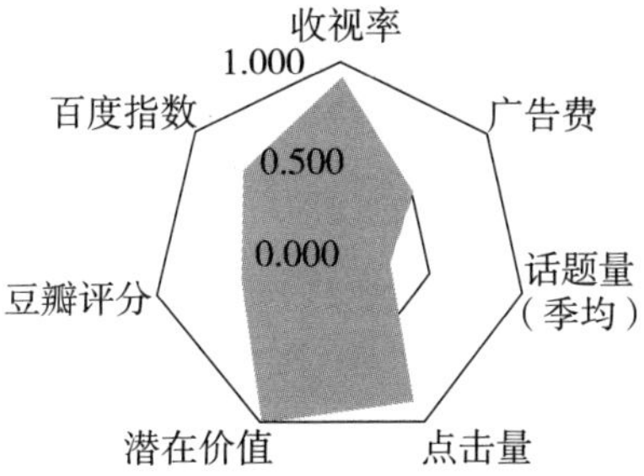

《中国新歌声》商业价值分布

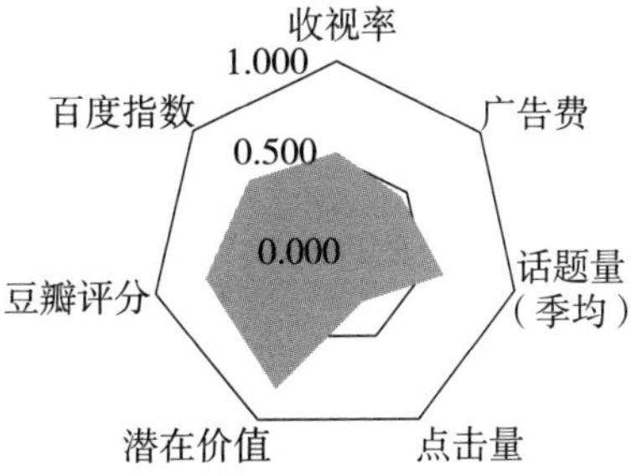

《我是歌手 4》商业价值分布

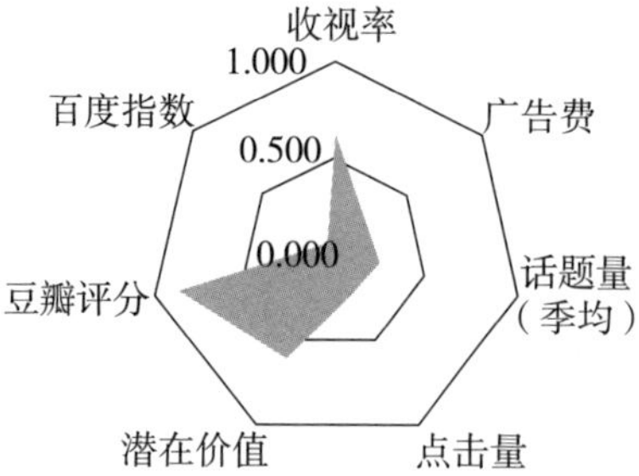

《最强大脑3》商业价值分布

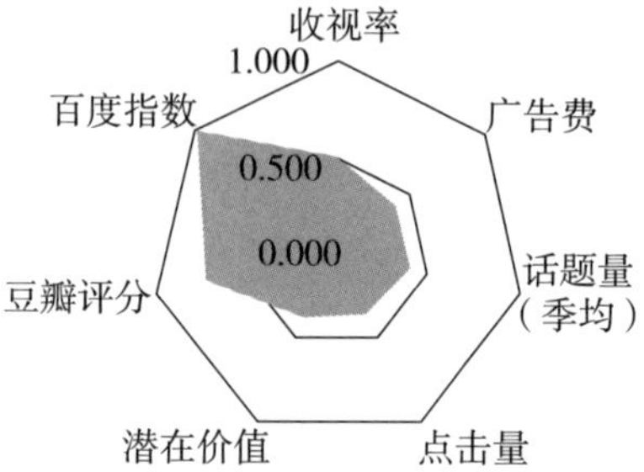

《快乐大本营》商业价值分布

综上所述，商业价值最高的节目从来不是跟随者，更多是在扮演真正引领潮流、开先河的角色。

2. 综2代

令人欣喜的是，有4档综2代也登上了榜单。

它们分别是《极限挑战2》《我们来了》《我们相爱吧》《蒙面唱将猜猜猜》。

上述节目分别代表了年轻人喜欢的一种类型，比如《极限挑战2》造CP、造话题很厉害；《我们来了》《我们相爱吧》深受年轻的女性观众喜爱，后者被称为“年轻人的恋爱教程”；至于《蒙面唱将猜猜猜》，大概是2016年最大的一匹黑马。

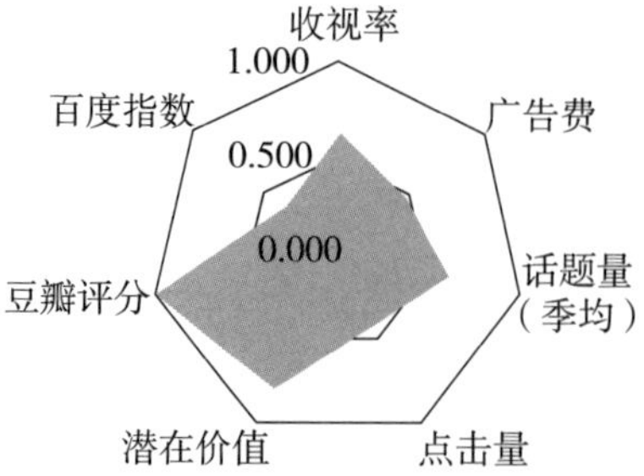

《极限挑战2》商业价值分布

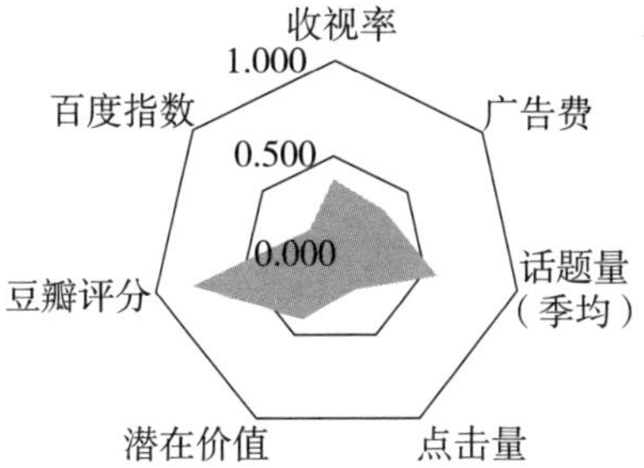

《我们来了》商业价值分布

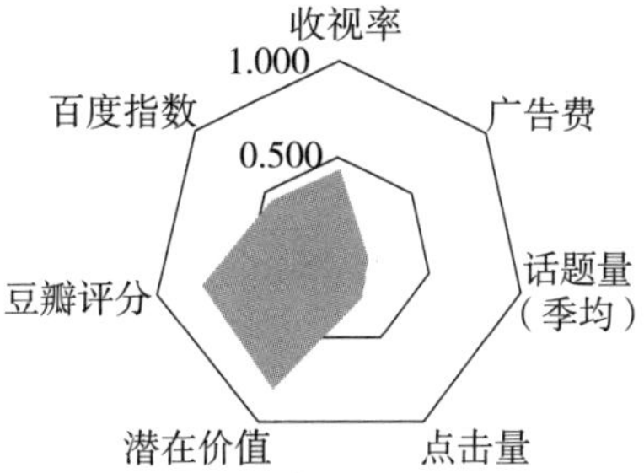

《蒙面唱将猜猜猜》商业价值分布

不过，我们认为整个综2代的现象，背后可以捕捉到有趣的信息，如投资者的选择套路。

先从2016年湖南卫视最受关注的《全员加速中2》说起。

虽然第一季是该节目总制片人洪涛最爱的节目之一，但收视率不到0.9%还是有失湖南卫视的水准和脸面的。在这样的情况下，为何金主蒙牛纯甄还不离不弃呢？我们发现，第一，《全员加速中2》的网络播放量超24亿次，排全国第六，关注度排全国第三，在年轻人中的讨论度是够的。第二，听说蒙牛纯甄内部曾做过调查，认为《全员加速中》在消费者中的认知度高、植入效果好，且促进了其线下销售。不过，第二季收视上来了点，口碑却跌了，事后湖南卫视台长张华立直言这是自己批评得最厉害的节目，他通过这个节目得到的教训是："湖南卫视永远都不能跟风，跟风就是死路一条。"

《全员加速中》或许是诸多综2代里少数没能做第三季的。通过上述表格，不能发现：

①很多金主通常从节目第一季跟到了第二季。如《我们来了》《一路上有你》《极限挑战》，为何不继续往下做？一来，

2016年四大卫视综2代的表现（部分）

频道	节目	收视率/%	豆瓣评分/分	冠名	有无第三季
湖南卫视	《全员加速中 1》	0.898	7.5	蒙牛纯甄	无，原因：未达到预期
	《全员加速中 2》	1.169	3.7	蒙牛纯甄	
	《偶像来了 1》	2.050	6.4	OPPO	有，招商待定
	《偶像来了 2》（《我们来了》）	1.356	7.2	OPPO	
浙江卫视	《挑战者联盟 1》	2.120	5.0	百事可乐	有，招商待定
	《挑战者联盟 2》	1.841	5.1	伊利畅意 100%	
	《一路上有你 1》	1.230	7.7	丸美	有，招商待定
	《一路上有你 2》	1.388	6.3	丸美	
江苏卫视	《蒙面歌王 1》	1.070	5.5	一叶子	有，招商待定
	《蒙面歌王 2》（《蒙面唱将猜猜猜》）	1.570	6.9	斯柯达	
	《我们相爱吧 1》	1.053	6.7	丸美	有，招商待定
	《我们相爱吧 2》	1.459	6.6	春纪	
东方卫视	《欢乐喜剧人 1》	1.276	8.1	红牛	有，冠名为金立 M2017
	《欢乐喜剧人 2》	2.646	8.0	链家网	
	《极限挑战 1》	2.151	8.9	天猫国际	有，冠名为 vivo
	《极限挑战 2》	2.198	9.1	天猫国际	

跟金主预算、不同产品的营销策略不同有关。二来，节目能做到第三季通常是反响良好的节目，续集会涨价，有的金主接受不了，有的被更有钱的金主抢去。

②绝大多数金主都懂精准投放的道理。比如OPPO冠名聚焦

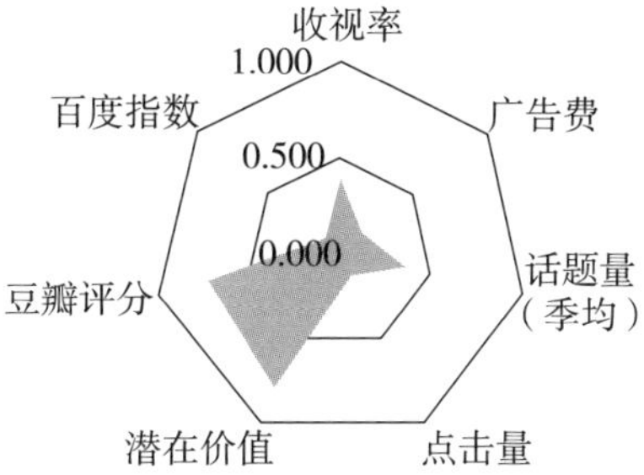

《我们相爱吧 2》商业价值分布

在女星身上的户外真人秀节目《我们来了》，针对的就是女性受众；再比如春纪冠名《我们相爱吧2》，就派来了春纪品牌代言人周冬雨上节目，以此实现品牌宣传、软性植入效益最大化。

当然，整个2016年还是有不少被动投放的案例。举个例子，有强势的平台方可能会采取“你想冠名1，必须先赞助2”的捆绑式售卖法；广告主想适时完成企业KPI，强行冠名某调性不搭节目的情况，也并不少见。

不过，总的来说，综N代始终是投资者们率先抢夺的资源。比如江苏卫视就直接喊出了“优质变爆款”的口号。

新节目：
喜剧、音乐类表现亮眼，有爆款潜质

最后说说2016年电视综艺商业价值排行榜中的第9名，唯一上榜的新节目——《喜剧总动员》。

这档含着金钥匙出生、在《欢乐喜剧人》喜剧演员加制作团

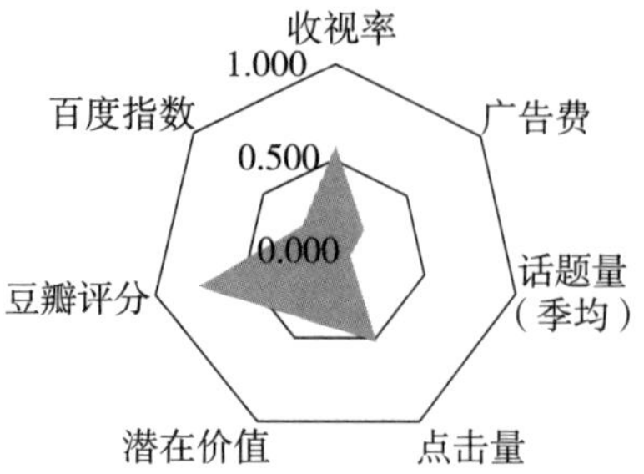

《喜剧总动员》商业价值分布

队的基础上，且有刘涛、蒋欣、李晨等热门明星加持的节目，最终获得了平均收视率破2%的成绩，网络播放量破29亿次。

金星主持的《今夜百乐门》的品相也不错，是东方卫视继《欢乐喜剧人》《笑傲江湖》后又一成功案例，且捧红了不少素人演员。

目测，2017年会有不少喜剧类的综2代、新节目快马加鞭地赶来。

有趣的是，在音乐节目方面，四大卫视都推出了不错的节目。比如源自韩国同一个模式的《天籁之战》和《梦想的声音》，前者推出了华晨宇和苏诗丁这对CP，后者4位老师渐入佳境，且推出了大魔王赵骏。至于湖南卫视的《我想和你唱》，据说是其内部最得意的节目，因为筹备时间短，但效果非常好。再说江苏卫视，虽然《盖世音雄》表现不佳，但《蒙面唱将猜猜猜》扳回一局，另外它2017年拿到了四大音乐牌照之一，《更好的未来》等新节目来势凶猛。

至于户外类节目，2016年浙江卫视连续推出的《二十四小时》《我们十七岁》等基本都获得了广告商们的青睐，而且因为选中的嘉宾综艺感都还不错，像吴磊、尹正、郭富城等人都能玩得开，攒下了较好的口碑。值得一提的是，它们都是在《奔跑吧兄弟》之后一鼓作气，在不同季度主推的产品，在招商等方面会变得更加省力，且更容易获得高收视率。

一个比较普遍的规律是，一旦某一类型的节目在一个卫视出现爆款，再推相同类型的节目就很容易取得高收视率。诸如喜剧、脱口秀之于东方卫视，音乐、户外挑战之于浙江卫视，情感、益智科学之于江苏卫视。虽然后续推出的不一定是爆款，但它最需要发挥的作用是为平台建立节目类型壁垒，让其他卫视不容易突破。

原本，马太效应下资金越来越多地涌向爆款综艺，“80%的钱涌向了20%的资源”，新节目突围的难度在变大，但2016年涌现的好节目释放出一个信号：机会犹在，请一鼓作气。